A TRANSFORMAÇÃO DO ESTADO
neoliberalismo, globalização
e conceitos jurídicos

M838t Moreira, Alexandre Mussoi
    A transformação do estado: neoliberalismo, globalização e conceitos jurídicos / Alexandre Mussoi Moreira — Porto Alegre: Livraria do Advogado, 2002.
    147p.; 14x21cm.

    ISBN 85-7348-247-8

    1. Teoria do Estado. 2. Formas de estado. I. Título.

                                      CDU – 342.2

Índices para o catálogo sistemático:
Teoria do Estado
Formas de estado

(Bibliotecária responsável: Marta Roberto, CRB-10/652)

Alexandre Mussoi Moreira

A TRANSFORMAÇÃO DO ESTADO

neoliberalismo, globalização
e conceitos jurídicos

livraria
DO ADVOGADO
editora

Porto Alegre 2002

© Alexandre Mussoi Moreira, 2002

Projeto gráfico e diagramação
Livraria do Advogado Editora

Revisão
Rosane Marques Borba

Capa
Projeto gráfico: Dânia Moreira
sobre NAS MÃOS (2001), pintura acrílica, imagem digital
e resina sobre tela, 100 x 100 cm, Dânia Moreira

Direitos desta edição reservados por
Livraria do Advogado Ltda.
Rua Riachuelo, 1338
90010-273 Porto Alegre RS
Fone/fax: 0800-51-7522
livraria@doadvogado.com.br
www.doadvogado.com.br

Impresso no Brasil / Printed in Brazil

Para Dânia, Paula, Andréa e Maria Cristina, pelo apoio, pelas horas roubadas, pelo amor e pelo carinho com o qual me sustentam em todas as minhas lutas.

Agradeço aos professores-doutores do Curso de Mestrado da UNISINOS, em especial ao professor-doutor José Luis Bolzan de Morais, pela orientação, pela paciência e pela amizade. Agradeço também ao professor-doutor Maurício Batista Berni, que não mais está entre nós, na pessoa de seu filho Vinícius, pelo incentivo e amizade, a meus colegas, aos amigos, à família e, por fim, a Deus, que me deu o dom da vida, a família, os amigos, todas as oportunidades que tenho tido, e para quem um dia espero voltar.

"Uma autêntica democracia só é possível num Estado de direito e sobre a base de uma reta concepção da pessoa humana. Aquela exige que se verifiquem as condições necessárias à promoção quer dos indivíduos através da educação e da formação dos verdadeiros ideais, quer da 'subjetividade' da sociedade, mediante a criação de estruturas de participação e corresponsabilidade."

João Paulo II, *Centesimus Annus*, 46

Prefácio

A atribuição de apresentar algumas notas iniciais acerca do trabalho desenvolvido pelo autor do presente livro implica a responsabilidade de fazê-lo a partir de uma cumplicidade que se inaugurou pelas relações travadas em sala de aula, quando do seu mestrado em Direito na Universidade do Vale do Rio dos Sinos – local de origem desta obra –, passou pelo período de orientação na elaboração da dissertação de mestrado, que sustenta as páginas deste livro, e aprofundou-se pela relação de afeto que permanece entre professor e aluno, mas sobretudo entre amigos que se fazem nas dificuldades do cotidiano de cada um, além de estar presente em nossa origem comum na Procuradoria-Geral do Estado do Rio Grande do Sul, muito embora, e meritoriamente, tenha o Alexandre Mussoi Moreira sido distinguido pela indicação, pela Ordem do Advogados do Brasil/RS, para ocupar uma das vagas do quinto constitucional junto ao Tribunal de Justiça do Estado do Rio Grande do Sul, tornando-se, então, Desembargador.

Portanto, o que segue são algumas impressões que pretendem deixar evidenciadas estas circunstâncias, apontando para o leitor aquilo que, a meu sentir, dá significado e relevância para este trabalho, valorizando sua leitura, fazendo-a necessária para todos aqueles que, apesar da especificidade da matéria, pretendam saber/questionar as especificidades próprias ao debate contemporâneo acerca do Estado.

Ou seja, o autor, com este trabalho, constrói uma leitura sobre o tema que avança na tentativa de elucidar a inserção desta matéria nas circunstâncias próprias da modernidade/contemporaneidade estatal e das transformações que se projetam sobre o Estado nos dias atuais. Daí a relevância do trabalho.

Não há como, para um jurista, enfrentar o seu dia-a-dia sem buscar ter presente o contexto peculiar ao Estado e suas transformações.

Tenho presente, até mesmo por ofício de professor e Procurador do Estado, que o tema Estado aparece contemporaneamente como um daqueles inarredáveis, seja para reconhecê-lo como instituição da modernidade, seja para enfrentar, como o tenho feito, o que poderíamos nominar de *teoria das crises* que afetam a experiência estatal nestes últimos anos.

No transcurso de sua história, o Estado Moderno, erigido como tal a partir do século XVI, viu-se envolto em um largo processo de consolidação e transformações, passando nos dias de hoje por uma longa transformação/exaustão. Ou melhor, por várias crises interconectadas.

Para pensá-las, impõe-se propor para o debate duas grandes versões de caráter genérico, agregadas a uma terceira vertente crítica de caráter institucional. A primeira delas diria respeito à crise que atinge as suas características conceituais básicas, em particular a idéia de soberania. A outra atingiria não a idéia mesma de Estado, mas uma de suas materializações, o *Welfare State*, ou Estado do Bem-Estar Social. Já a terceira se projeta por sobre a fórmula moderna de racionalização do poder, ou seja, o Estado Constitucional, sem descurarmos de uma quarta vertente que atinge a tradição da separação funcional do poder estatal e uma quinta afeta à tradição moderna da democracia política.

Aquela poderia ser discutida sob duas variantes: uma, pelo surgimento de pretensões universais da humanidade, referidas pela emergência dos direitos humanos; outra, pela superação da supremacia da ordem estatal por outros *loci* de poder, tais como as organizações supranacionais e, particularmente, pela ordem econômica privada ou pública. A segunda diria respeito à evolução do modelo de Estado do Bem-Estar Social e as barreiras que enfrenta para a sua permanência. Os entraves que aqui se colocam são de três ordens distintas: fiscal-financeiro, ideológico e filosófico. Neste ponto emerge como contraponto o projeto neoliberal* que busca nas insuficiências do *État-Providence* um retorno a um modelo reduzido de ordem estatal.

Já a nova crise, que ora propomos seja pensada, significa a fragilização dos instrumentos jurídico-políticos de ordenação do poder político e de organização estrutural da sociedade a partir da juridicização hierarquizada da política por intermédio do conhecido Estado Constitucional nascido do projeto liberal revolucionário, cujos contornos foram sendo ajustados ao longo dos dois últimos séculos, desde as Constituições modernas - americana e francesa – de perfil liberal até o constitucionalismo social oriundo da segunda década do século vinte.

Permanentemente tenho referido que tratar o Estado é, assim, tratar de suas crises. É enfrentar o tema da desconstrução de seus referenciais de identidade, em particular o seu elemento simbólico de poder supremo (soberania), e seus reflexos e contingências, em particular, como o faz o Autor, desde as referências postas pelo

---

* Aqui, ainda, utilizaremos esta nomenclatura, muito embora queiramos sugerir que seria de interesse revê-la para incluir em pauta uma outra expressão. Assim, proporíamos nominar esta experiência de *neocapitalismo*, pois parece-nos mais adequado aos seus contornos de projeto vinculado ao viés econômico do liberalismo, onde, ao que se vê, há uma intenção não expressa de liberar o capital – e o capitalismo financeiro – das amarras que acabaram por se constituir através, entre outros, dos conteúdos liberais dos núcleos moral e político-jurídico. Ver, a respeito: GARCIA-PELAYO. *Las Transformaciones del Estado Contemporaneo.* Madrid: Alianza, 1996. BOLZAN DE MORAIS, José Luis. *Do Direito Social aos Interesses Transindividuais.* Porto Alegre: Livraria do Advogado, 1996.

novo processo de globalização que enfrentamos. Mas não pára por aí. Tratar "do" Estado é, também e em conseqüência, operar ainda aspectos relacionados com a fragilização de uma de suas expressões – o Estado de Bem-Estar Social –, enfrentar as questões que dizem respeito às especificidades de suas funções tradicionais – legislativa, executiva e jurisdicional –, interrogar acerca da perda de sentido do papel das Constituições como referências formais e materiais de um projeto de sociedade e, ainda, discutir acerca do que nomino "fantochização" da política moderna, sobretudo de sua expressão como democracia representativa.

Para tanto, é preciso se ocupar de sua *crise conceitual* para, depois, atentarmos para sua *crise estrutural*, chegando a sua *crise institucional*, sem atribuir-lhes um perfil estanque, na medida em que se interpenetram e, muitas vezes, se confundem em suas bases e projeções, deixando anotada aquela que chamamos desde já *crise funcional*, cujo conteúdo será apenas sugerido, para que possamos ter assente o quadro no qual se coloca o debate relativo aos *direitos humanos* e seus vínculos com a *democracia* e a *cidadania*, apontando, dessa forma, para uma *crise política* (da democracia representativa), onde esta perde suas referências fundantes, ao menos quanto à incerteza dos resultados dos procedimentos a partir de efetivas alternativas de escolha.

No caso particular do Brasil, isto adquire uma dimensão avantajada, pois no momento em que se redemocratizou o País, calejado de décadas de autoritarismo, e se constituiu uma *Constituição Cidadã* – nas palavras do então Deputado Constituinte Ulisses Guimarães – observa-se um discurso permanente de desqualificação do papel do Estado como agente interventor e promotor de políticas públicas com caráter prestacional e do texto constitucional como instrumento de definição da prática política, dos papéis do Estado e das garantias da cidadania, sobretudo as de cunho social. Todos os governos pós-1988, sem exceção, pautaram seu discurso oficial pela total fragilização da Carta Política como mecanismo assecuratório das conquistas sociais. Levou-se ao extremo a *mercantilização da política e a economicização do direito constitucional*. O nosso debate constitucional se pautou, desde sua origem pós-88, pela precarização dos conteúdos sociais da Constituição alicerçado no caráter eficacial buscado a partir de resultados contábeis.

Sem que se tenha isto presente é impossível construir-se uma leitura que não se comprometa por sua parcialização. Dito de outra forma, sem que percebamos as intencionalidades postas, não há como entendermos o objeto que nos é dado a estudar, posto que é este substrato político-econômico-jurídico que sustenta o discurso e a prática político-legislativa-administrativa que estabelecem os contornos de nosso modelo políticojurídico-econômico.

Sobre tudo isso discorre o autor. Remonta a história, conta o modelo e questiona seu futuro, apontando alternativas. Volta ao passado, acompanha o presente e questiona o porvir. E aqui está não apenas sua especificidade como também sua importância. Não se contenta com um passar de olhos acríticos por sobre as referências acerca da temática objeto de análise.

Com isso, Alexandre apreende o sentido de *fazer D(d)ireito*. Um Direito que reflexiona, *não reflexivo* como querem alguns. Um direito que reflete o resultado de um período de amadurecimento pessoal e teórico ao qual se submeteu durante a construção de sua titulação.

Assim, está de parabéns a editora que assume, com este trabalho, o papel de produzir conhecimento e dá vazão a um texto que, fruto de um trabalho de mestrado, demonstra o quanto se deve andar para que apreendamos os caminhos.

Prof. Dr. José Luis Bolzan de Morais
Procurador do Estado do Rio Grande do Sul

Sumário

Introdução 17
1. O Estado: história e poder 25
   1.1. Considerações iniciais 25
   1.2. A evolução histórica do Estado 26
   1.3. A soberania 34
2. Modelos de Estado adotados no século XX 51
   2.1. Considerações iniciais 51
   2.2. O Estado Liberal 51
   2.3. O Estado Socialista 60
   2.4. O Estado de Bem-Estar Social 72
3. Novos contextos e alternativas 87
   3.1. Considerações iniciais 87
   3.2. O Neoliberalismo 87
   3.3 A Globalização 95
   3.4. A Terceira Via 106
   3.5. O Garantismo Jurídico 114

Conclusão 127

Referências bibliográficas 141

Introdução

Neste início de milênio a humanidade, entendida em seu aspecto de organização político-social, vê-se diante de sérios desafios. Os problemas passaram de um patamar regional, restrito, para uma esfera global, e a solução destes, que ameaçam a estabilidade mundial, leva, necessariamente, ao questionamento do modelo de Estado, de sociedade, e, também da economia, enquanto fenômeno implícito na própria sociedade, tornando-se relevante uma análise da transformação pela qual passa o próprio Estado, frente a esses novos contextos.

O modelo socialista, nos moldes europeus, viu-se esvaído, gerando a falaciosa declaração do fim das ideologias e da vitória do capitalismo. Entretanto, a instabilidade econômica mundial, característica da segunda metade dos anos 90, revela que, ao contrário do que previam os pensadores neoliberais, a liberdade de mercado e a diminuição da atuação do Estado na sociedade não lograram erguer um modelo capaz de responder às necessidades e anseios do homem contemporâneo.

Para melhor compreensão da atual realidade e análise da situação com a qual se defronta o Estado nesta virada de milênio, torna-se necessário entender alguns fenômenos contemporâneos, como a evolução do Estado, a crise do Estado Social, o neoliberalismo e a tão propalada e festejada globalização, a fim de que se possa determinar perspectivas para os tempos vindouros, sob a ótica de que o século XX foi marcado pela hegemonia do Estado-Nação.[1] O tamanho do Estado cresceu de 1964 a 1974 mais do que em sua história anterior, considerando-se como exemplos as principais nações européias, os Estados Unidos da América do Norte e o Japão. Este período é o mesmo em que se expande e consolida a idéia de Estado de Bem-Estar (*Welfare State*). Desde 1970, em muitos países, a maior parte dos gastos públicos e de pessoal contratado pelo Estado foi destinado à educação e outros serviços sociais voltados à população.[2]

O Estado é uma sociedade política, a forma de organização política que caracteriza nossos tempos, uma sociedade criada a partir da vontade do homem, para atender às suas próprias necessidades de vida. Nasce de um ato do homem, que cede seus direitos a este ente imaterial na expectativa de proteção e para que este satisfaça suas necessidades, sempre direcionado à realização do bem comum.[3]

Há quem prefira a expressão "Estado Moderno" ou "Estado Nacional", utilizando o termo Estado para designar outras formas de organização política já existentes anteriormente, acrescendo, por isso, as expressões "moderno" ou "nacional". Não se vai aqui discutir a valia da diferenciação, adotando-se o termo "Estado" como sinônimo de Estado Moderno, sem, no entanto, perder de vista que o Estado Moderno, em contraposição à forma estatal anterior, é uma inovação, pois, como afirmam Streck e Morais, "a dominação legal-racional, própria do Estado Moderno, é a antítese da dominação carismática, predominante na forma estatal medieval".[4]

---

[1] Cfe. ANDERSON, Benedict. "As promessas do Estado-nação para o início do século", in *A Crise dos paradigmas em ciências sociais e os desafios para o século XXI*. Rio de Janeiro: Contraponto, 1999, p. 155.
[2] ROSANVALLON, Pierre. *A crise do Estado-providência*. Trad. Joel Pimentel de Ulhôa. Goiânia: UFG e Brasília: UnB. 1997, p. 135-142, quanto ao Estado francês.
[3] BASTOS, Celso Ribeiro. *Curso de Teoria do Estado e Ciência Política*. 4.ed., São Paulo: Saraiva, 1999, p. 4.
[4] STRECK, Lenio Luiz e MORAIS, José Luis Bolzan. *Ciência Política e Teoria Geral do Estado*. Porto Alegre: Fabris, 2000, p. 26.

De toda a forma, a concepção de Estado a que se prende o presente trabalho atém-se a uma realidade mais próxima, também no aspecto temporal, considerando procedente a afirmação de Heller no sentido de que por meio milênio, durante a Idade Média, inexistiu o Estado,[5][6] como unidade de dominação independente. Considere-se, ainda, que o Estado Moderno é produto da história e da cultura ocidental, originando-se, do ponto de vista geográfico, no mesmo território onde aquelas se desenvolveram – a Europa, razão pela qual aquele continente aparece como referencial, no presente estudo e nas análises desenvolvidas, preponderantemente.

O Estado, se considerada a situação existente há um século, fundava-se em um aparato oligárquico, onde a tônica era a exclusão da maioria da população – inexistiam direitos dos trabalhadores, as mulheres estavam afastadas dos direitos políticos em todo o mundo, o racismo encontrava-se institucionalizado em leis e normas de muitos países –, estando o governo, na maior parte do globo terrestre, nas mãos de forças coloniais ou dinastias imperiais. Hoje, inegavelmente, tem-se realidade completamente diversa, pois na grande maioria dos países o Estado democrático institucionalizou-se, ao menos em tese.

De outro lado, a população, antes submissa ao comando do Estado na pessoa de seus governantes, cultiva expectativas que vão além da simples presença de um Estado Policial, a quem cumpria apenas a proteção interna e externa, esperando que aquele proveja condições, econômicas e sociais (aqui abrangida a segurança), que permitam sua prosperidade e, ao fim, sua felicidade.[7]

---

[5] HELLER, Hermann. Teoría del Estado. México: Fondo de Cultura Econômica. 2.ed., 1998, p. 166.
[6] No mesmo sentido, STRECK e MORAIS, op. cit., p. 26.
[7] BENEDICT ANDERSON afirma que o Estado-nação foi aceito e fortificou-se por apresentar promessas de segurança e autodefesa, além de uma economia e uma cultura nacional (op. cit., p. 155-170).

Ou seja, há uma nova perspectiva do que deve ser a relação que se estabelece entre o Estado e a sociedade, faz-se necessário que o Estado seja capaz de se vincular de forma mais eficiente com uma sociedade plural, melhor informada e com um maior espectro de demandas.

Embora não se ignorem vozes que se erguem na esperança de que a expansão e afirmação dos direitos humanos permitirá a configuração da idéia kantiana de uma pátria comum a todos os homens, um mundo sem a definição de fronteiras,[8] para a concretização desta esperança muitos caminhos ainda devem ser percorridos (admitindo-se seja esta a solução ideal), restando o Estado, ainda, nos modelos conhecidos, como opção preferencial para a organização sócio-política (embora não se desconheça que muitos já proclamam a extinção do Estado).[9]

Evidencia-se, assim, fundamental a discussão sobre o Estado neste momento. Um debate que leve à indicação do tipo de Estado que é desejável; que tenha condições de enfrentar as novas situações e problemas graves, tanto do ponto de vista econômico como social que emergem nestes tempos e se projetam ao futuro, especialmente ante novas realidades trazidas pelo avanço do neoliberalismo e da globalização. A questão diz respeito à própria existência do Estado, sua manutenção, alternativas diante de dessa conjuntura.

Nas palavras de Canotilho:

"O problema, hoje, é o de saber se o *processo de institucionalização da modernidade* sucessivamente

---

[8] Sobre o tema, v. BOBBIO, Norberto. *A era dos direitos*. Rio de Janeiro: Campus, 1992, p. 103/104. Ver também: CANOTILHO, José Joaquim Gomes. "Rever ou romper com a Constituição dirigente? Defesa de um constitucionalismo moralmente reflexivo", in *Cadernos de Direito Constitucional e Ciência Política*, São Paulo: Rev. dos Tribunais, v. 15, 1996, p. 16-17; e "Teoria Jurídico-Constitucional", in *Revista Consulex*, Ano IV, n. 45, setembro/2000, p. 43.

[9] "É verdade que o Estado-Nação está longe de agonizar." (ARNAUD, André-Jean. *O direito entre modernidade e globalização: lições de filosofia do direito e do Estado*. Trad. Patrice C. Wuillaume. Rio de Janeiro: Renovar. 1999, p. 25).

desenvolvido – *Estado Nacional* – *Estado de direito* – *Estado democrático* – *Estado social* – não teria chegado ao fim".[10]

As transformações pelas quais passa ou deve passar o Estado, a própria possibilidade de seu desaparecimento, são, indubitavelmente, questões imbricadas com o próprio destino da humanidade. Nesse sentido, a manifestação de Calera:

"En cualquier caso, es evidente que la realidad del Estado es hoy altamente problemática. No se sabe exactamente a dónde va el estado a finales del siglo XX. Nuestras libertades y el destino de la humanidad está seriamente comprometidos por lo que es y sobre todo por lo que pueda ser el estado en el proximo siglo."[11]

Impõe-se a reflexão sobre qual o Estado apropriado para gerar condições de efetivo progresso econômico, para permitir o fortalecimento e aprofundamento da democracia, considerando os novos contextos com os quais se defronta, ou se, efetivamente, esgotou-se o Estado como modelo de organização político-social.[12]

Não se desconhece a complexidade da questão, pois as transformações do Estado, na maior parte das vezes, implicam em troca do próprio modelo de sociedade, nos seus aspectos básicos.[13]

---

[10] CANOTILHO, José Joaquim Gomes. *Direito Constitucional.* 6.ed. rev. Coimbra: Almedina, 1993, p. 12.
[11] CALERA, Nicolás María López. *Yo, el Estado.* Madrid: Trotta. 1992, p. 15. "Em qualquer caso, é evidente que a realidade do estado é hoje altamente problemática. Não se sabe exatamente aonde vai o Estado ao final do século XX. Nossas liberdades e o destino da humanidade estão seriamente comprometidos pelo que é e, sobretudo, pelo que pode ser o Estado no próximo século." (Tradução do autor deste trabalho.)
[12] O Estado não mais demonstra capacidade de resolver grandes e importantes demandas sociais, dando margem ao surgimento do que HABERMAS denominou de "crise de racionalidade do Estado, que se produz quando descumpridos os imperativos de autogoverno que recebe do sistema econômico. (cfe. CALERA, op. cit., p. 14)
[13] AGNES HELLER aborda a questão da evolução da humanidade e as transformações sociais nos seguintes termos: "A modernidade é uma grande possibilidade e também um grande ônus. Desenvolve-se muito rapidamente,

O presente trabalho pretende, pois, analisar a situação pela qual passa o Estado, frente à crise atual, no intuito de identificar mudanças conceituais relativas à própria concepção de Estado e seus modelos, a possibilidade de seu desaparecimento ou sua manutenção com substrato em novos conceitos. Esta análise é levada a efeito a partir de pesquisa bibliográfica centrada em aspectos entendidos como básicos relativamente ao tema, iniciando-se com um pequeno histórico sobre o Estado, sua evolução, abordando-se, na seqüência, a questão da soberania, como elemento caracterizador do poder do ente estatal; apresentando-se, após, os três modelos de Estado em voga no século XX – liberal clássico, socialista e social –; em seguida, contemplam-se os novos contextos onde inserido o Estado, o neoliberalismo e a globalização, como fatores que impelem a mudança de conceitos e de modelo de Estado frente ao terceiro milênio; expondo-se, após, a "terceira via", o garantismo jurídico e a democracia, como busca de alternativas à concepção de Estado em vigor, para concluir-se com um indicativo de superação da crise apontada.

Os aspectos a serem analisados partem da concepção de que o Estado se funda em quatro princípios normativos centrais: soberania, territorialidade, autonomia e legalidade.[14]

---

dificultando a adaptação dos seres humanos. Oferece a grande possibilidade, particularmente nas democracias liberais, de todos participarem das decisões políticas e tornarem-se senhores de suas vidas. Mas, em função da rapidez do processo de transformação, homens e mulheres têm pouca clareza dos resultados de suas ações. Talvez estejam conscientes das suas responsabilidades diante das gerações futuras, mas apenas em termos abstratos. Dificilmente podem imaginar a vida dessas gerações. No mundo pré-moderno todos podiam imaginar como seus netos viveriam e o que fariam. Hoje, nenhum de nós sabe grande coisa sobre seus netos. Viver na incerteza é traumático. Viver na incerteza de significados e de valores é ainda mais. (...)" ("Uma crise global da civilização", in *A Crise dos paradigmas em ciências sociais e os desafios para o século XXI*. Rio de Janeiro: Contraponto, 1999, p. 21).

[14] V. GÓMEZ, José Maria. *Política e democracia em tempos de globalização*. Petrópolis: Vozes; Buenos Aires: CLACSO; Rio de Janeiro: LPP- Laboratório de Políticas Públicas, 2000, p. 45.

A questão relativa à soberania – enquanto predicado do Estado ligado ao autogoverno, em especial perante outras unidades soberanas – é enfrentada forma expressa, sob a ótica de que esta é suposto, conforme a doutrina clássica,[15] para existência do próprio Estado. Os aspectos que dizem respeito à territorialidade, que no mundo moderno transcendem a mera delimitação de um território – espaço físico – onde existente o Estado,[16] vão contemplados quando da análise do fenômeno da globalização,[17] verdadeiro rompimento de barreiras não só territoriais, mas econômicas e sociais, que avança de forma veloz na atualidade.

No que diz com a autonomia e a legalidade, além de serem abordados na apresentação dos modelos de Estado estudados, quanto a cada um daqueles, por igual, são pontos imbricados em todas as análises levadas a efeito no curso do trabalho, na medida em que indissociáveis da própria concepção de Estado.

Os modelos de Estado estudados – liberal clássico, socialista e social – foram eleitos pelo fato de serem os adotados no século XX, entendendo-se que os mesmos representam o cimo de uma evolução do pensamento político e social no que diz respeito à formulação de um convívio sociopolítico organizado.

A proposta de uma apreciação doutrinária, essencialmente teórica, embora possa soar um tanto quanto distante da realidade prática cotidiana, encontra alicerce na necessidade de retomar a teorização e a sedimentação de conceitos, de forma a permitir um distanciamen-

---

[15] V.g., HERMANN HELLER, op. cit, p. 360-363.

[16] A importância do território reside no fato de que a própria soberania é delimitada pelo território (v. SCAFF, Fernando Facury. *Responsabilidade do Estado intervencionista*. São Paulo: Saraiva, 1990, p. 22).

[17] Conforme HABERMAS, devido à globalização: "Hoy, se diría que son los Estados los que están insertos en los mercados y no las economias las que está insertas dentro de las fronteras estatales." (HABERMAS, Jürgen. El estado-nación europeo y las presiones de la globalización. In *New left rewiew*. n. 1. Madrid: Akal, 2000, p. 123). ("Hoje, dir-se-ia que são os Estados que estão inseridos nos mercados e não as mercadorias dentro das fronteiras estatais." Tradução do autor deste trabalho.)

to, ao menos prudente, do empirismo despido de cientificidade que parece avançar cada vez mais no cotidiano das ciências jurídicas e sociais.

Evidentemente, o tema não resta esgotado, nem esta é a pretensão. O que se busca, no entanto, é retomar a discussão ante a realidade de que os processos sociais e econômicos trouxeram novos contextos e variantes que devem ser consideradas, a fim de permitir a estruturação de um modelo de Estado, ou, como prefere Calera, a "reinvenção teórica dos fundamentos do Estado",[18] ou seja, uma transformação que permita, frente a estes novos tempos e suas peculiaridades, a realização do bem comum.[19]

---

[18] Op. cit., v.g., p. 15.
[19] Consoante STRECK e MORAIS, op. cit., p. 135: "... devemos estar atentos às transformações conceituais que atingem a compreensão tradicional da idéia de Estado, assentada sobretudo no seu poder incontratável – a soberania. São várias as implicações emergentes das novas configurações mundiais, seus atores, etc."

1. O Estado: história e poder

1.1. Considerações iniciais

De início, pretende-se situar o Estado, sua evolução histórica e seu núcleo de poder – a soberania, a fim de propiciar uma visão panorâmica do tema, uma vez que se pretende a busca de um modelo de Estado capaz de enfrentar novos contextos e variáveis que se apresentam no descortinar do terceiro milênio, propiciando a superação da crise pela qual está a passar.

Como já se disse, adota-se a expressão Estado de forma ampla, como sinônimo de Estado Moderno, sem perder a visão de que este é uma inovação frente à forma estatal preexistente, daí o fato de a evolução histórica apresentada partir já deste.

Quanto à soberania, sua apreciação é inafastável, na medida em que constitui o verdadeiro núcleo de poder do Estado, ante a concepção clássica de que Estado soberano é aquele que não depende de outro, gozando, portanto, de independência política e territorial, apresentando-se uma visão histórica da evolução da soberania até os dias atuais e as variáveis a que está sujeita frente a novos contextos, em especial a globalização, considerando que, em razão desta os Estados vêm perdendo elementos de sua soberania nacional em proveito de instâncias superiores e inferiores.[20]

---

[20] V. ARNAUD, André-Jean. *O direito entre a modernidade e globalização: lições de filosofia do direito e do Estado.* Trad. Patrice C. Wuillaume. Rio de Janeiro: Renovar, 1999, p. 25.

1.2. A evolução histórica do Estado

A fim de situar a questão posta, necessária se faz uma breve descrição da evolução do Estado, a fim de que se possa verificar as origens dos modelos de Estado adotados no século XX.

Na Europa Ocidental, antes do século XVII, a ordem estatal se caracterizava, quer na forma feudal, quer na forma despótica, pela tirania, pela exploração, pela estagnação de castas estanques, a desesperança e a fome para a maior parte do povo.[21][22][23]

Em resumo, a vida era dura, brutal e curta; tinha-se a "sociedade do *status*" de Maine e a "sociedade militar" de Spencer. As classes dominantes governavam pela conquista e persuadiam as massas da origem divina de seu poder.[24]

Esta situação, denominada Velha Ordem, foi um grande e poderoso inimigo da liberdade, especialmente em tempos onde não se considerava a possibilidade de sua derrocada.

Embora se afirme que o desenvolvimento de monarquias absolutas e do mercantilismo, no início da era moderna, tenha sido necessário para o avanço do capita-

---

[21] "Logo que o Estado – o príncipe e seu aparelho de poder – se tornou monopolista na esfera política – os seus interlocutores diretos não foram mais as categorias, mas os indivíduos – súditos em cada esfera da sua vida 'privada'. Este dado que encontra infinitos dados na história cultural e religiosa do Ocidente dos séculos XVII e XVIII constitui o terreno de base no qual se constitui em primeiro lugar, a tomada de consciência por parte do indivíduo da identidade e da característica comum de seus interesses privados." (BOBBIO, Norberto; MATTEUCCI, Nicola; e PASQUINO, Gianfranco. *Dicionário de Política*. v.1,. Brasília: UnB, 1998, p. 429, verbete "Estado Moderno").
[22] V. BECKER, Idel. *Pequena História da civilização ocidental*. São Paulo: Nacional, 1978, p. 244-310.
[23] "... a noção de que o homem é um ser livre, e essa é a verdade primeira a ser considerada por todo aquele que procure a razão de ser da sociedade, do Estado, das instituições, em suma. Tal lição foi enunciada por um sem-número de pensadores, desde o século XVII, pelo menos, como Hobbes e, sobretudo, Locke, e repetida por todo o século XVIII, inclusive no celebrado *Contrat social* de Rousseau." FERREIRA FILHO, Manoel Gonçalves. *Estado de direito e constituição*. 2. ed., rev. ampl. São Paulo: Saraiva, 1999, p. 1-2.
[24] V. ROTHBARD, Murray N. *Esquerda e direita – Perspectivas para a liberdade*. Rio de Janeiro: José Olympio e Inst. Liberal, 1986, p. 22.

lismo, servindo para livrar comerciantes e cidadãos das restrições feudais de caráter local, parece evidente que o rei e seu Estado "funcionaram antes como um suserano 'superfeudal', reimpondo e reforçando o feudalismo",[25] sob nova roupagem, no momento em que ele vinha sendo dissolvido pela própria economia de mercado e suas necessidades.[26] O rei superpôs suas próprias restrições e privilégios de monopólio aos do regime feudal. Na verdade, os monarcas absolutos mantiveram a ordem antiga, tornando-a ainda mais despótica. De fato, o capitalismo floresceu com mais força e mais cedo onde era mais fraco, ou mesmo inexistente, o poder central (Cidades italianas, Liga Hanseática, por exemplo.).[27]

Sem dúvida o fim desta "velha ordem" deve-se a dois fatores, consoante explica Rothbard.[28] Um deles, a expansão da indústria e do comércio por entre os interstícios da ordem feudal (a indústria inglesa, v.g., desenvolveu-se em regiões rurais, fora do alcance de restrições feudais do Estado), e, outro, uma série de revoluções de grandes proporções, que se constituiu no elemento mais importante para a desarticulação do *status quo* – especialmente a Revolução Norte-Americana e a Revolução Francesa –, todas necessárias para a abertura de caminhos para a revolução industrial e as vitórias da liberdade individual, do *laissez faire*, da separação entre a Igreja e o Estado, etc.

Assim, a sociedade do *status* cede lugar, ao menos em parte, à "sociedade do contrato", e a "sociedade militar", à "sociedade industrial".[29]

---

[25] Idem, p. 23.
[26] V. STRECK e MORAIS, op. cit., p. 22-24.
[27] "... o Absolutismo do poder monárquico é alcançado, ao menos em teoria, na medida em que o príncipe não encontra mais limites para o exercício de seu poder nem dentro nem fora do Estado nascente." (BOBBIO, MATEUCCI e PASQUINO, op. cit., p. 3, verbete "Absolutismo").
[28] Op. cit., p. 23-24.
[29] ROTHBARD, op. cit., p. 23.

O Estado Moderno é resultado de uma evolução que pode ser retratada através de três tipos de Estado: Liberal, Social e Socialista.[30] Sem dúvida, a Constituição da Federação Norte-americana (1787) e a Revolução Francesa, a partir de 1789, podem ser tomadas como marco onde se afirma o Estado Liberal como primeira forma de Estado Constitucional. De modo genérico, pode-se dizer que esse Estado se caracteriza pela omissão frente a problemas sociais e econômicos, consagrando a regra básica da não-intervenção no domínio econômico.

Nesse período, predominam os direitos individuais, a proteção aos interesses individuais, sendo o alicerce teórico da liberdade à propriedade.

Num segundo momento, ocorre uma evolução do conceito de cidadania, resgatando-se a idéia de igualdade jurídica, transpondo-se a idéia da propriedade privada como alicerce dos direitos individuais.

Entretanto, já no século XIX, o Estado Liberal não atende às promessas de seus formuladores teóricos, a concentração de riqueza desequilibra o mercado, acentuando a miséria e a exclusão social.

A resposta inicial do Estado Liberal volta-se, então, ao combate da marginalidade, da criminalidade e das revoltas sociais de trabalhadores, com a força policial e com reformas urbanas que permitissem esse combate e controle.[31]

No entanto, a organização internacional dos trabalhadores e a existência, na segunda metade do século passado, de uma proposta científica como alternativa ao Estado Liberal, levam a elite que se afirmou com o modelo econômico constituído, a perceber a necessidade de incorporar, ainda que gradativamente, reivindica-

---

[30] O Estado Liberal aqui apontado não abarca o Estado Social, adotando-se o entendimento de ANDRÉ-NÖEL ROTH, "O direito em crise: fim do Estado Moderno?", in FARIA, José Eduardo. *Direito e Globalização econômica: implicações e perspectivas*. São Paulo: Malheiros, 1996, p. 16.
[31] Sobre o tema: COSTA, Maria Isabel Pereira da. *Constitucionalismo ou neoliberalismo: o que interessa a quem*. Porto Alegre: Síntese, 1999, p.23-25.

ções dos trabalhadores e propostas dos socialistas, tentando, assim, atenuar as distorções sociais e econômicas, buscando manter sob controle as tensões sociais.

Assim, o Estado Liberal passa, mudando sensivelmente sua postura inicial, a garantir determinados direitos sociais, como a limitação da jornada de trabalho, regulamentação do trabalho de menores e previdência social.

Tem-se, pois, uma verdadeira "fase de transição" entre o Estado Liberal e o Estado de Bem-Estar Social, que já se esboçava ao final do século XIX e tomou impulso a partir do final da Primeira Grande Guerra.[32]

Ocorre que a mudança, tardia, de comportamento do Estado Liberal não tem o condão de solucionar a grave crise que emerge da Primeira Guerra Mundial (1914-1918), ponto de referência do rompimento entre o Estado abstencionista e o novo Estado Social, de característica assistencial.

Em 1917, no México, surge a primeira Constituição Social, que, embora mantendo o núcleo liberal de direitos individuais e políticos, amplia a gama de direitos fundamentais, acrescendo dois novos grupos de direitos: os sociais, relativos ao trabalho, saúde, educação, etc., e os econômicos, os quais denotam a postura intervencionista estatal.

Embora cronologicamente a Constituição Mexicana de 1917 tenha sido a primeira, a matriz do constitucionalismo social será a Constituição de Weimar, de 1919, na Alemanha.[33]

Importa salientar que um processo democrático representativo, embora possa efetivar mudanças sociais, não foi capaz de oferecer repostas imediatas para o caos social e econômico que emergia da situação econômica e

---

[32] V. ROTH, op. cit., p. 16/17; COSSIO DÍAZ, José Ramón. *Estado Social y derechos de prestacion*. Madrid: Centro de Estudios Constitucionales, 1989, p. 31-32.

[33] V. GARCIA-PELAYO, Manuel. *Las transformaciones del Estado contemporaneo*. Madrid: Alianza, 2. ed., 1996, p. 102-103.

política em que se encontrava a Europa, no período posterior à Primeira Guerra Mundial.

Ao mesmo tempo, a implementação do Estado Socialista, a partir da revolução de 1917,[34] na Rússia, representava uma ruptura radical com o modelo de economia e de sociedade capitalistas e com valores liberais,[35] contrariamente às propostas alemãs e mexicanas antes referidas.

Evidencia-se, pois, que o Estado Social decorre de uma necessária mudança do Estado Liberal Clássico, levada a efeito em função da preservação da idéia de uma economia capitalista, mantendo-se, ainda, o primado do não-intervencionismo estatal.[36]

Ou seja, surge no liberalismo uma preocupação social cujo intuito central é a manutenção do núcleo do pensamento liberal.

Essa mudança, guardadas peculiaridades específicas de cada Estado, tem como nascedouro a pressão dos trabalhadores e dos movimentos sociais e das internacionais socialistas; a própria pressão dos liberais pela necessidade de preservação de suas posições econômico-financeiras, comprometidas pela concentração de riquezas; a crise social e a ameaça socialista.

[34] O socialismo remonta a período muito anterior, entretanto, "quando surgiu o movimento socialista, no início do século XIX, incorporado às teorias anarquistas, ninguém pretendia, e seus líderes também não admitiam, que se pensasse num *Estado socialista*. Com efeito, as injustiças sociais, a miséria do proletariado, a existência ostensiva de uma pequena classe de privilegiados, tudo isso, segundo os primeiros socialistas, só se mantinha graças ao Estado. E não se pensava que o Estado pudesse ter outra utilidade que não a manutenção e a proteção dos privilégios" (DALLARI, Dalmo de Abreu. *Elementos de Teoria Geral do Estado*. 21. ed., São Paulo: Saraiva, atualiz., 2000, p. 283).
[35] Em 1847, no Congresso da *Liga dos Comunistas*, MARX e ENGELS foram encarregados de redigir um programa para orientar o movimento comunista, surgindo, em 1848, o *Manifesto Comunista* o qual previa que: "O proletariado utilizará sua supremacia política para arrancar, pouco a pouco todo o capital à burguesia, para centralizar todos os instrumentos de produção nas mãos do Estado, isto é, do proletariado organizado em classe dominante, e para aumentar, o mais rapidamente possível, a massa das forças produtivas". (DALLARI, op. cit., p. 284).
[36] V. MORAIS, José Luis Bolzan de. *Do Direito Social aos interesses transindividuais; o Estado e o Direito na ordem contemporânea*. Porto Alegre: Livraria do Advogado, 1996, p. 91-93.

A fim de implementar essa modificação, surge a idéia de que o intervencionismo estatal pode evitar a continuidade do processo de concentração, mas, ao mesmo tempo, preservar o modelo de repartição econômica de riquezas e, portanto, o *status quo ante*. Frente à incapacidade do modelo social para responder à crise social e econômica, bem como com o avanço do modelo socialista, assiste-se, nesse período, o crescimento de movimentos nacionalistas.

Na verdade, o fascismo europeu e o próprio nazismo têm um discurso social comum, pregam a construção de uma economia eminentemente bélica, sendo um movimento antidemocrático, anti-socialista, antiliberal, anticomunista, antioperariado, ultranacionalista e, no caso da Alemanha, anti-semita.

A forte base cultural na qual se funda o discurso nacional socialista lhe dá a força de reversão da penetração do socialismo.

Cria-se um discurso social nacionalista de resistência ao estrangeiro opressor, a fim de fazer frente a um discurso que visa a eliminar o capital opressor (discurso socialista); parte-se de um discurso eminentemente nacional, enraizado em valores culturais profundos, capaz de desmobilizar um discurso internacionalista que procura a construção de uma solidariedade e uma unidade com bases multinacionais.

Portanto, como força suficiente à contenção do socialismo, o fascismo (também o nazismo) transforma-se em alternativa para o grande capital nacional.

A exacerbação do nacionalismo exsurgente do fascismo conduziu ao maior conflito militar mundial que, sem dúvida, conformou questões e posições internacionais que se mantêm até nossos dias, independentemente de representarem interesses de vitoriosos ou de vencidos na Segunda Guerra Mundial.

O maior vitorioso no conflito, sem qualquer margem de dúvida, foi o grande capital que financiou o fascismo, uma vez que entre as grandes economias mundiais se encontram hoje a Alemanha, a Itália e o Japão. O povo e as forças armadas desses países foram derrotados, mas o capital venceu, uma vez que se mantém no poder.

Com o pós-guerra, retoma-se a idéia de Estado Social. Enquanto o Estado Socialista significa ruptura com o liberalismo e o capitalismo, o Estado Social representa um novo paradigma, sem rompimentos radicais.

A evolução do Estado, rumo a um posicionamento social, que violentamente havia sido interrompida pelo fascismo e suas conseqüências, é retomada pela implementação, na Europa Ocidental, do Estado de Bem-Estar Social.

O Estado passa a intervir no domínio econômico, regulando-o, e, em alguns casos, exercendo atividade econômica, passando a atender a clientela permanente do Estado – os excluídos do sistema social e econômico necessários à existência do sistema capitalista.

Nas palavras de Plauto Faraco de Azevedo:

"Esta modificação, por que passou o Estado, caracteriza a ultrapassagem de um modelo estatal liberal – eminentemente conservador, servindo à manutenção do *status quo*, para outro de cunho social, preocupado com a propriedade (sem absolutizá-la), sem o otimismo do sistema anterior para com os efeitos das forças socioeconômicas, preocupado com a transformação da sociedade, capaz de 'oferecer aos administrados uma larga gama de bens e serviços de prestações e medidas positivas, orientadas, notadamente, no sentido da realização da justiça distributiva".[37]

A implementação do Estado de Bem-Estar Social, com a efetivação dos direitos sociais e econômicos na Europa, em grande parte, trouxe uma nova fase demo-

---

[37] AZEVEDO, Plauto Faraco de. *Direito, Justiça Social e Neoliberalismo*. São Paulo: Revista dos Tribunais, 1999, p. 92.

crática do Estado Social, com a superação da visão liberal dos grupos de direitos fundamentais.

O oferecimento de direitos sociais, como saúde e educação, por exemplo, permite à população o acesso à própria formação e à informação, propiciando sua organização e desta decorrendo sua exigência de inclusão no sistema, tanto numa perspectiva econômica, quanto econômico-social, pressionando o próprio Estado ao atendimento de suas necessidades.

Essa evolução desloca o Estado Social de uma perspectiva meramente clientelista,[38] de manutenção da exclusão social, para um Estado Social includente, pressionado pela própria sociedade.

Conforme Luhmann:

"El Estado de Bienestar que se ha desarrollado en las zonas más altamente industrializadas del mundo no puede ser suficientemente comprendido cuando se concibe como Estado Social; es decir, como un Estado que reacciona frente a las consecuencias de la industrialización con medidas de previsión social. Este momento es y persiste como un importante objectivo estructural. Pero, en los momentos actuales, el bienestar significa y exige algo más que la mera asistencia social, y algo más que la pura compensación de las desventajas".[39]

Embora à primeira vista pareça contraditório, ante o deslocamento apontado, consagra-se a proteção e a indivisibilidade dos direitos fundamentais, na medida em que a liberdade não existe a partir de uma simples

---
[38] Conforme ROSANVALLON, op. cit., p. 32.
[39] LUHMANN, Niklas. *Teoría política en el Estado de Bienestar.* 1. ed., 2. reimpr. Madrid: Alianza. 1997. p. 31. ("O Estado de Bem-estar que se desenvolveu nas zonas mais industrializadas do mundo não pode ser suficientemente compreendido quando concebido como Estado Social; ou seja, como um Estado que reage frente às conseqüências da industrialização com medidas de previsão social. Este momento é e persiste como um importante objetivo estrutural. Mas, nos momentos atuais, o bem-estar significa e exige algo mais que a mera assistência social, e algo mais que a pura compensação das desvantagens." Tradução do autor deste trabalho.).

omissão do Estado perante os direitos individuais, mas, isso sim, tem existência a partir da ação do Estado ofertando os meios para que os indivíduos sejam livres.

Para que o indivíduo seja livre é necessário que tenha acesso a direitos sociais, tais como saúde e educação, e a direitos econômicos, como trabalho e justa remuneração, em outras palavras, democracia e legitimidade são essenciais.

Entretanto, esta democracia não pode ser resumida ao simples ato de votar, mas deve se fundar na real possibilidade de participação e atuação no Estado, na sociedade, na economia e seus destinos, sendo necessário, por isso, a garantia de direitos sociais e econômicos ao indivíduo, por parte do Estado, para que se alcance a verdadeira cidadania[40][41]

1.3. A soberania

Não é possível, como já exposto, levar a efeito qualquer apreciação a propósito do Estado, seus modelos e sua reconceituação, sem que se aborde a soberania cuja noção, conforme Mello,[42] sempre esteve ligada à idéia de uma qualidade do poder, sendo Estado soberano aquele que não depende de outro Estado, ou seja, aquele que goza de independência política. Entretanto, é evidente que essa independência política depende de uma independência econômica, não se podendo afastar

---
[40] OLIVEIRA JR., José Alcebíades. "Cidadania e novos direitos". In *O novo em Direito e Política*. Porto Alegre: Advogado, 1997, p. 191-200.
[41] Segundo LUHMANN (op. cit., p. 32-33), se existe uma "lógica do Estado de Bem-estar" esta só pode ser compreendida mediante o princípio da compensação – compensando-se as desvantagens de cada um, segundo o sistema de vida em que se encontra inserido –, sendo que, conforme surjam os problemas, todas as diferenças poderiam ser compensadas, mas, ainda assim, sempre novas carências apareceriam, gerando a necessidade de novas compensações, o que levaria o Estado de Bem-estar ideal a abranger e compensar todas as diferenças e carências.
[42] MELLO, Celso de Albuquerque. "A Soberania através da História". In *Anuário: direito e globalização, 1: a soberania*. Rio de Janeiro: Renovar, 1999, p. 7.

o fato de que há países que tinham, e têm, economias dominantes.

A soberania remonta à Grécia antiga, uma vez que a finalidade das Cidades-Estados era a autarquia, sua auto-suficiência, embora não fosse utilizada esta expressão especificamente, posto que inexistente, razão pela qual alguns autores falem em independência.

A prova da existência da soberania reside nos institutos que regiam relações internacionais, tais como o envio de representantes diplomáticos, formação de confederações, etc.

Evidente que essas relações eram facilitadas pelo próprio fato de que as Cidades-Estados se encontravam em equilíbrio de poder (v. Atenas e Esparta), que conduzia a um equilíbrio jurídico, assim como era propício para tanto, uma certa homogeneidade cultural.[43]

Com o advento do Império Romano (verdadeiro Estado supranacional), a noção de soberania perde importância, não havendo que se falar em instrumentos jurídicos relacionados à mesma, uma vez que o próprio *jus gentium*, aplicado pelo pretor peregrino, é elaborado por Roma, embora as relações internacionais não tenham desaparecido por completo, tanto que em Roma se encontra um tipo de tratado – *foedus* –, relativo a acordos de aliança entre iguais.[44]

A expressão "soberania" surge na Idade Média, assim como começa a se esboçar sua noção jurídica. Sua origem estaria ligada à sagração do rei, quando este, em seu juramento, limita o próprio poder perante os súditos, sendo essa limitação uma das características da soberania. O juramento aparece com destaque já nas monarquias bárbaras do século VI, sendo o meio de ligar o rei aos súditos e maneira de demonstrar a autoridade da Igreja, acima dos reis *(autoritas sacrata pontificam)*.[45]

---
[43] Idem, p. 9.
[44] Idem, p. 9-10.
[45] Idem, p. 10.

O termo "soberania" tem origem no latim *superanus*, que é o grau supremo da hierarquia política, exprimindo a idéia de primazia, de superioridade, poder incontrastável do Estado.[46] É da Idade Média que data a fórmula *rex superiorem non recognoscen com in regno suo est imperator*, que encerra uma idéia de independência e autoridade em relação aos demais reis e ao Império.

O aparecimento do capitalismo, que vai permitir o surgimento do Estado moderno, pois que aquele sem este não existe, é que vai afirmar a noção de soberania.

A teoria da soberania encontrará em Jean Bodin sua referência obrigatória, quando em 1576 publica sua obra "Os Seis Livros da República".[47]

Para Bodin, a soberania é elemento essencial da comunidade política, sem o qual ela não pode existir. Tendo-a definido como um poder perpétuo, no sentido de que enquanto há sociedade, há soberania, independentemente da forma de governo – na monarquia os reis se sucedem, exercendo-a; na república a perpetuidade diz respeito à permanência das instituições e formas sociais.[48]

Entretanto, para o autor francês, a soberania não só é perpétua, mas é também absoluta, pois que se trata de um poder que não convive com outro igual ou superior. A singularidade é da essência da noção de soberania – não só pode reconhecer um poder soberano e se outro poder há, superior, este é que será o soberano.[49]

Do absolutismo da soberania é que exsurge a possibilidade do soberano legislar de forma autônoma,[50] sem

---

[46] V. MACHADO PAUPERIO, Arthur. *O conceito polêmico de soberania e sua revisão contemporânea*. Rio de Janeiro: Irmãos Pongetti, 1949, p. 9.
[47] SCAFF, op. cit. p. 21.
[48] MACHADO PAUPERIO, op. cit., p. 58-59.
[49] SCAFF, op. cit., p. 21.
[50] MACHADO PAUPERIO, op. cit., p. 35.

se submeter a regras preexistentes (leis ou costumes) ou mesmo às suas próprias leis.[51]

Não se pode ignorar, como já dito anteriormente, que o absolutismo consolidou o Estado Moderno na medida em que transformou a sociedade internacional em sociedade interestatal, formando uma burocracia e exércitos que reforçaram o poder central, detendo este o monopólio do poder nas relações internacionais.

A partir do século XVIII, surge o que se pode chamar de equilíbrio de poder, especialmente a partir do Tratado de Ultrech (1713). Esse sistema de equilíbrio buscava evitar que um Estado possa, isoladamente, impor-se aos demais, assegurando que não haja uma superpotência dominante na Europa, cria-se uma espécie de equilíbrio entre a soberania e os interesses coletivos.[52]

Esse princípio do equilíbrio europeu será quebrado, por pequeno espaço de tempo, após a Revolução Francesa, por Napoleão.

Com o desaparecimento da monarquia, na França se vai travar a discussão sobre a titularidade da soberania, se seu titular é a nação – soberania nacional – ou se cada indivíduo tem uma parcela na sua titularidade – soberania popular –, não se discutindo, no entanto, a soberania nas relações internacionais, que permanece inalterada.

Após a queda de Napoleão, no Congresso de Viena é instituída a Quádrupla Aliança, que se transforma em Pentarquia, em 1818, sendo os grandes problemas da Europa solucionados de comum acordo entre Rússia, Prússia, Áustria, Inglaterra e França, em evidente des-

---
[51] "A primeira característica do príncipe soberano é o poder de dar lei a todos em geral e a cada um em particular... sem o consentimento de quem quer que seja maior, igual ou menor: pois se o príncipe está obrigado a não promulgar lei sem o consentimento de um maior, é verdadeiro súdito; se de um igual, terá sócio; se dos súditos, quer do senado, quer do povo, não é soberano." (cfe. CHEVALLIER, J. *As grandes obras políticas de Maquiavel a nossos dias*. 4. ed., Rio de Janeiro: AGIR, 1989. p. 55.)
[52] Cfe. MELLO, Celso D. de Albuquerque. *Direito Internacional da Integração*. Rio de Janeiro: Renovar, 1996, p. 128.

respeito à noção de soberania, em nome de interesses da denominada sociedade internacional – na expressão de Pierre Gerbet: "um diretório de grandes potências exercendo uma espécie de governo de fato da Europa".[53] A Pentarquia dissolve-se a partir da retirada da Inglaterra que, em 1822, desaprovou a intervenção na Espanha, pela França.[54] A partir do século XIX, em um processo que se estende até a Primeira Guerra Mundial, a idéia de soberania nas relações internacionais retoma importância, ante uma política interna individualista originada no próprio liberalismo econômico.

Posta esta situação, o direito vai se posicionar no sentido de que o Estado somente se submete a normas emanadas dele mesmo, ou seja, de sua própria vontade. Surge assim a idéia de voluntarismo jurídico em apoio à soberania, chegando-se a falar, mesmo, em soberania absoluta, o que na verdade, jamais chegou a existir.[55]

Se é verdade que após a Primeira Guerra Mundial surgem organizações internacionais, a idéia de soberania ilimitada permanecerá presente em Estados totalitários, como a União Soviética e a Alemanha, por exemplo.[56]

A Liga das Nações, que surge após o grande conflito do início do século (1919),[57] vai se caracterizar por ser uma organização enfraquecida,[58] sendo que o Pacto ainda mantém sinais de respeito à soberania dos Estados ao reconhecer que estes têm direito de fazer guerra,

---

[53] *Apud* MELLO, op. cit., p. 128.
[54] Congresso de Verona, 1822.
[55] Falar em soberania absoluta tem sentido, apenas, no discurso político, nunca na realidade internacional, uma vez que esta inviabilizaria uma sociedade internacional e o próprio direito internacional (v. KELSEN, Hans. *Teoria Geral do Direito e do Estado*. São Paulo: Martins Fontes; Brasília: Ed. UnB, 1990, p. 373-374).
[56] Ambos os Estados defendiam o primado do direito interno em relação ao internacional.
[57] É de se notar que a formação histórica da Liga das Nações se deu na esteira do colapso dos impérios Habsburgo, Hohenzollern, Otomano, Romanov e Ching, estes dois últimos de dimensões continentais.
[58] Sobre a questão: DALLARI, op. cit., p. 267-268.

desde que expirado o prazo de três meses da decisão do Conselho,[59] sendo de notar que o direito à guerra sempre foi considerado manifestação de soberania estatal.

Entretanto, mesmo nessa situação há "gradações" de soberania, tendo Lorde Cranborne formulado distinção entre Estados essenciais para a Organização e os outros Estados[60] [61] Essa idéia foi aplicada por diversas vezes, podendo ser encontrada inclusive na Carta da ONU, onde os "cinco grandes" têm direito a veto no Conselho de Segurança, único órgão com efetivo poder decisório na Organização. A doutrina de Cranborne,[62] portanto, revela a inexistência de igualdade jurídica plena entre Estados, no plano internacional.[63]

Neste século, defrontamo-nos com o pensamento de Heller, para quem a soberania é a qualidade da independência absoluta da unidade de vontade frente a qualquer outra vontade decisória universal efetiva, significando que a unidade de vontade a que corresponde a soberania é a unidade decisória universal suprema dentro da ordem de poder de que se trate, sendo o Estado detentor dessa qualidade.[64]

Ante o exposto, evidencia-se a necessidade de reformulação ou, pelo menos, evolução do conceito de soberania, a fim de que se possam adequar as relações propostas entre os Estados Nacionais em nossos dias.

Sahid Maluf afirma:

---

[59] Órgão máximo da Liga, que tinha as grandes potências como membros permanentes e os demais como não permanentes.
[60] A "doutrina" de Lorde Cranborne foi exposta em 1938, em relatório para o "Comitê para a colocação em funcionamento dos princípios do Pacto".
[61] Sobre a doutrina Cranborne, v. MELLO, Celso de Albuquerque. *"A Soberania através da História".* In *Anuário: direito e globalização, 1: a soberania.* Rio de Janeiro: Renovar, 1999, p.14-15.
[62] Idem.
[63] Tenha-se presente que, em 1938, sem qualquer consideração sobre a sua soberania, a Tcheco-Eslováquia, pelo acordo de Munique, foi entregue à Alemanha nazista.
[64] HELLER, Hermann. *La Soberanía.* México: Fondo de Cultura Económica. 2. ed., 1995, p. 197.

"A exata compreensão do conceito de soberania é pressuposto necessário para o entendimento do fenômeno estatal, visto que não há Estado perfeito sem soberania, (...) a soberania se compreende no exato contexto do estado. Estado *não-soberano* ou *semi-soberano* não é Estado."[65]

Como, então, compatibilizar o conceito de soberania e a internacionalização das relações em nossos dias? O avanço do processo de globalização tem forçado mudanças conceituais no Estado Nacional, na medida em que provoca alterações estruturais na ordem internacional, fazendo-se necessário compatibilizá-lo com as novas questões emergentes.

Nas palavras de Sarmento:

"Com efeito, enquanto o Estado Nacional perde o viço, tragado pela força incoercível do processo de globalização econômica, se robustecem as instâncias supranacionais de poder. Sob este ângulo, opera-se uma mudança qualitativa do Direito Internacional que, paulatinamente, deixa de preocupar-se com as relações mantidas por Estados, passando a converter-se em fonte de direitos subjetivos para os indivíduos. (...)

Sob o rótulo de desnacionalização do direito podemos apontar três processos distintos que, conquanto sujeitos a lógicas e a imperativos diferentes, têm por denominador comum a relativização da soberania do Estado. São eles a universalização da tutela dos direitos humanos, a integração dos Estados através de blocos regionais e a expansão de um direito paralelo ao dos Estados (*lex mercatoria*), adotado pelas empresas transnacionais, por força da dispersão das suas atividades econômicas por diversos territórios."[66]

---

[65] MALUF, Sahid. *Teoria Geral do Estado*. 21. ed. São Paulo: Saraiva. 1991. p. 29.
[66] SARMENTO, Daniel. "Constituição e Globalização: A crise dos paradigmas do Direito Constitucional", In *Anuário: direito e globalização, 1: a soberania*. Rio de Janeiro: Renovar, 1999, p. 59.

Especialmente, a integração entre Estados tem sido um fator que coloca em xeque o conceito de soberania e, por conseqüência, o próprio conceito de Estado.

Conforme Casella:

"Em maior ou menor grau todo e qualquer esforço de construção de integração haverá de se defrontar com a questão da soberania e a configuração ou não de elementos supranacionais, na gestão e esforço de consolidação desse processo, representando a supranacionalidade o tópico dileto de debate, como de aferição de modelos."[67]

Sem dúvida, em função das imposições criadas pela integração, parâmetros e modelos seculares estão sendo transformados, abalando-se o conceito de soberania. Diante desse fenômeno – a integração, que tem conteúdo essencialmente econômico – cumpre ao Direito encontrar novas soluções para as novas questões emergentes desse fenômeno.[68]

Na dimensão sociológica, o Direito da Integração consiste em passar da internacionalidade à formação de um novo território jurídico, com uma nova ordem de competências, para não se falar em "nova ordem de soberanias".

Entretanto, a integração, como proposta, não afastou a situação de crise da soberania dos Estados, a qual sempre teve por elemento a necessidade de defesa do território e de seu povo, realidade já não tão próxima nos tempos presentes.

Na descrição de Ferrajoli:

"La soberanía exterior del Estado ha tenido siempre como principal justificación la necesidad de la defensa frente a los enemigos externos. Hoy, con el fin del enfrentamiento entre bloques, esta necesi-

---

[67] CASELLA, Paulo Borba. "Soberania, Integração Econômica e Supranacionalidade", In *Anuário: direito e globalização, 1: a soberania*. Rio de Janeiro: Renovar, 1999, p. 72.
[68] Idem, p. 73.

dad ha desaparecido y la intensificación de la interdependencia y, junto con ello, de las promesas no mantenidas del derecho internacional, todas inscritas en aqule pacto constituyente que es la *Carta* de la ONU – la paz, la igualdad, el desarrollo, los derechos universales de los hombres y de los pueblos – están produciendo una crisis de legitimación del sistema de soberanías desiguales y de relaciones cada vez más asimétricas entre países ricos y países pobres en que ha caído la comunidad internacional: un sistema que no podrá ser tolerado, a largo plazo, por los propios ordenamientos políticos de los países avanzados, que fundan su identidad y su legitimidad democrática precisamente en aquellas promesas y en su universalidad. Esta crisis de legitimación afecta hoy a los fundamentos de lo que en la historia moderna ha sido el núcleo de la política y, a la vez, el principal obstáculo para la hipótesis esbozada primero por Francisco de Vitoria, luego por Immanuel Kant y finalmente por Hans Kelsen, de una comunidad mundial sometida al derecho: la figura misma del Estado soberano, o sea, *legibus solutus*, que después de haber informado durante toda la edad moderna las relaciones entre las naciones europeas, há sido exportada en el presente siglo al mundo entero en su obra de civilización.

El Estado nacional como sujeto soberano se encuentra hoy en crisis tanto por arriba como por abajo. Por arriba, a causa de la abundante transferencia hacia instancias supra-estatales o extraestatales (la Unión Europea, la OTAN, la ONU y tantas otras organizaciones interncionales en materia financiera, monetaria, asistencial, y similares) de gran parte de aquellas funciones, como la defensa, la dirección de la economía, la política monetaria, la lucha contra la gran criminalidad, que en el pasado habían originado su nacimiento y desarrollo. Por abajo, por las tenciones centrífugas y los procesos de disgregación que se han puesto en marcha, en formas a menudo violentas, y por el propio desarrollo de la comunicación internacional que hacen cada vez más difíciles y precarias las otras dos funciones historicamente desarrolladas por el Estado: la de unificación nacional y la de pacificación interna."[69]

Como adequar, então, o conceito tradicional de soberania à internacionalidade?

O conceito tradicional de soberania, de conjunto de atributos essenciais e inerentes à personalidade do Estado, está se transformando em uma soberania consistente

---

[69] FERRAJOLI, Luigi. *Derechos y garantías. La ley del más débil.* Madrid: Trotta, 1999, p.149-150.
"A soberania externa do Estado sempre teve como principal justificação a necessidade de defesa frente aos inimigos externos. Hoje, com o fim do enfrentamento entre blocos, esta necessidade desapareceu e a intensificação da interdependência e, junto com o fato de que as promessas não cumpridas do direito internacional, todas inscritas no pacto constituinte que é a Carta da ONU – a paz, a igualdade, o desenvolvimento, o direitos universais dos homens e dos povos – estão produzindo uma crise de legitimação do sistema de soberanias desiguais e de relações cada vez mais assimétricas entre países ricos e países pobres em que caiu a comunidade internacional: um sistema que não poderá ser tolerado, a longo prazo, pelos próprios ordenamentos políticos dos países avançados, que fundam sua identidade e sua legitimidade democrática precisamente naquelas promessas e sua universalidade. Esta crise de legitimação afeta hoje os fundamentos do que na história moderna tem sido o núcleo da política e, por sua vez, o principal obstáculo para a hipótese esboçada primeiro por Francisco de Vitoria, em seguida por Immanuel Kant e finalmente por Hans Kelsen, de uma comunidade mundial submetida ao direito: a figura mesmo do estado soberano, ou seja, *legibus solutus*, que depois de haver informado durante toda a idade moderna as relações entre as nações européias, foi exportada no presente século ao mundo inteiro em sua obra de 'civilização'.
O Estado nacional como sujeito soberano se encontra hoje em crise tanto de cima como de baixo. De cima, em vista da abundante transferência para instâncias supraestatais ou extraestatais (a União européia, a OTAN, a ONU e tantas outras organizações internacionais em matéria financeira, monetária, assistencial e similares) de grande parte daquelas funções, como defesa, a direção da economia, a política monetária, a luta contra a grande criminalidade, que no passado haviam originado seu nascimento e desenvolvimento. De baixo, pelas tensões centrífugas e os processos de desagregação que se puseram em marcha, em formas amiúde violentas, e pelo próprio desenvolvimento da comunicação internacional que tornam cada vez mais difíceis e precárias as outras duas funções historicamente desenvolvidas pelo estado: a de unificação nacional e a de pacificação interna." (Tradução do autor deste trabalho.)

em mera competência regida pelo direito internacional – que alguns autores têm denominado supranacionalidade.

Para Pescatore, define-se a supranacionalidade "como uma autonomia de poder e de ação colocada a serviço de interesse, ou se quiser, de objetivos comuns a vários Estados".[70]

À sua vez, Reis indica que a supranacionalidade consiste em três aspectos básicos, a saber: a existência de instâncias de decisão independentes do poder estatal, as quais não se submetem a seu controle; a superação da regra da unanimidade e do mecanismo de consenso (possibilidade de existência de decisões por maioria); e no primado do direito comunitário em relação à legislação interna.[71]

A criação de um sistema de integração – única alternativa de sobrevivência na economia globalizada, para muitos –, tem por efeito produzir uma reordenação das funções fundamentais dos Estados, ou seja, da própria soberania.

Para tanto, a soberania, como se viu, não pode mais ser entendida como absoluta, mas, ao revés, deve ser vista como *relativa, permeável e expansiva*.[72]

Relativa pelo fato de que já não pode ser exercida, em termos de integração, de forma totalmente unilateral e independente das decisões dos outros países intervenientes.

Permeável, porque recebe influência da soberania dos demais países.

---

[70] PESCATORE, Pierre. "La importancia del Derecho en un Proceso de Integración Economica", in *Revista Derecho de la Integración*, v. 7, n. 15, março 1974, Buenos Aires: Intal. p. 15.
[71] REIS, Márcio Monteiro. "O Estado contemporâneo e a Noção de Soberania" In *Anuário:* direito e globalização, 1: a soberania. Rio de Janeiro: Renovar, 1999, p. 292.
[72] Cfe. PEROTTI, Alejandro D. "La supranacionalidad desde la óptica del Sistema Mercosur y desde la óptica del derecho constitucional de sus Estados partes", in *Revista de Direito Administrativo Constitucional*. Curitiba: Juruá, nº 1, 1999, p. 124.

E expansiva, pois, de algum modo, a soberania de cada parte concorre para integrar as demais, na medida em que os atos de um Estado têm impacto nos demais.

Capella, por sua vez, indica a inexistência de Estados soberanos supremos, apontando que a "sua soberania tornou-se porosa, vulnerável a intervenções externas a eles, sobretudo em certos âmbitos: o econômico, o político-militar e o tecnológico".[73]

Assim, os países inseridos neste novo modelo tornam-se interdependentes a ponto de manifestar evoluções sincronizadas, por vezes idênticas. Perde-se, assim, o compromisso político nacional, identificado por uma soberania de índole predominantemente territorial, interessando mais o objetivo econômico do "grupo de integração" que o atendimento às próprias questões, surge a chamada "teoria da soberania compartilhada", pela qual Estados inseridos em um processo de integração levam a efeito uma transferência de parcelas de seu poder, que passam a ser exercidas, conjuntamente por todos os Estados que formam a Comunidade.[74]

Como se vê, há uma evidente divergência entre o conceito clássico de soberania e as propostas de integração apresentadas contemporaneamente, que forçam, pelo menos, a sua revisão.

Na lição de Casella:

"Enquanto se aceitar o pressuposto da soberania como dogma que não precisa entrar em discussão nem reformulação quando se ensaia a integração, provavelmente não se irá além do estágio da utilização dos expedientes formalmente adequados, através dos quais os Estados se ponham de acordo para constatar a ocorrência de discordâncias, sem estruturar mecanismos eficazes para a superação

---

[73] CAPELLA, Juan Ramón. *Os cidadãos servos*. Porto Alegre: Fabris, 1998, p. 105.
[74] REIS, op. cit., p. 292/293 ("O que se propõe , portanto, não é a perda da soberania, nem muito menos, a perda de parcelas de soberania – o que como já vimos é impossível – mas sim o que se convencionou chamar de soberania compartilhada." REIS, op. cit., p. 293).

de tais impasses, tornando-os ineficazes para a consecução de seus fins. A ocorrência de tais mecanismos marcará a distinção entre cooperação e integração. Esta a distinção fundamental, substancialmente mais relevante do que gradações teóricas ou nomenclatura oficial, adotada por diferentes projetos de integração."[75]

Não fosse suficiente, a globalização prática do processo produtivo sob a forma capitalista, financiada pelas grandes multinacionais, encontra sua estrutura política de apoio na "forma imperial contemporânea".[76] Os Estados terminam por se tornar "servos" dos novos "senhores do mundo" – os detentores do poder econômico, como já se viu quanto à "Guerra do Golfo", onde as grandes potências usaram seu poderoso arsenal militar em defesa dos interesses das empresas petrolíferas de seus países; intervenção bélica que não ocorre se inexistente o interesse econômico (v. *Guerra da Bósnia*).

Uma vez que as empresas multinacionais representam uma fração importante da produção mundial, os países se vêem obrigados a um ajustamento às suas exigências. Desta forma, a globalização significa o processo através do qual as empresas internacionalizadas tentam redefinir a seu proveito às regras do jogo antes impostas pelos Estados-Nação.

A situação é explanada por Gómez, nos seguintes termos:

"Como essas forças privadas transnacionais e os mercados financeiros dominam a economia mundial e tornam cada vez mais impotentes as políticas econômicas tradicionais dos Estados nacionais, o alvo da argumentação desliza de imediato do domínio micro da gestão interna das firmas para o interesse da macroeconomia (redefinição das políticas e das instituições econômicas nacionais) e da

---

[75] Op. cit., p. 91.
[76] V. CAPELLA, op. cit., p. 105.

arquitetura do sistema internacional (Boyer, 1996). É o momento da retórica obsessiva da competitividade internacional entre as nações como se fossem empresas (Porter, 19991; Thurrow, 1993), logo convertida em lugar-comum pelos formadores de opinião do mundo inteiro, na qual se sustenta que as nações 'ganham ou perdem' na corrida inexorável desencadeada pelos investimentos, financiamentos, comércio, inovações tecnológicas e bem-estar geral (Krugman, 1997). Nas visões mais sistêmicas e extremadas, chega-se a afirmar que a emergência da economia globalizada rompe de tal modo com o passado que se assiste, virtualmente, à decomposição das economias nacionais e ao fim do Estado-nação como organização territorial eficaz em matéria de governabilidade das atividades econômicas nacionais (Ohmae, 1996). Em outras palavras, dada a extrema mobilidade dos capitais em busca das melhores vantagens competitivas, o caráter estático da força de trabalho e, conseqüentemente, obsolecência tanto do regimes extensivos de direitos sociais quanto das regulações econômicas nacionais contrárias às expectativas dos mercados globais e das corporações transnacionais, os Estados nacionais deveriam ceder lugar a autoridades regionais ou locais do sistema global, verdadeiros pontos de apoio das redes tecidas pelas corporações."[77]

Ante essa realidade, há quem afirme a irreversibilidade dessas tendências em curso, frente à impotência das políticas tradicionais dos governos nacionais ante as estratégias das grandes empresas e conglomerados.[78]

---

[77] Op. cit., p. 19-20.

[78] Importa notar que, face ao projeto globalizante internacional, sob patrocínio do capital internacional (internacional, aqui, leia-se "sem pátria"), a "VONTADE GERAL", expressa pela soberania tornada normatização jurídica, vem perdendo sua capacidade de consensualizar, o que torna as Constituições menos normativas. O reconhecimento dessa "vontade geral", informada por subjetivismos e pela subjetividade coletiva de resistência,

Como bem alerta Casella,[79] para novas necessidades, é necessário buscar novas soluções, a realidade está posta, e as mudanças no mundo atual estão, por sua vez, modificando as categorias conhecidas, não só quanto às relações internacionais, mas também quanto a conceitos antes pensados intangíveis – como o de soberania. Concluindo, afirma o mesmo autor:

"As soberanias nacionais podem permanecer nominalmente intocadas, mas na medida em que se vai além do que anteriormente existia, substituindo economias estrita e predominantemente nacionais por economias integradas, as mutações correspondentes na soberania serão irremediáveis, pelas construções empiricamente desenvolvidas, para enquadrar as necessidades de atuação, em relação à capacidade para atender as necessidades operacionais do processo de integração e a consecução de seus resultados. Quando a lei, seja interna como internacional, perde, esquizofrenicamente, o contato com a realidade, esta encontra seus próprios caminhos."[80]

Entretanto, não se pode olvidar, na esteira do entendimento de Capella,[81] que a crise, evidente, da soberania estatal leva à privação da vontade política da própria população, abalando a legitimação do exercício do poder nos sistemas representativos, em virtude da "necessária" submissão a interesses de mercado e integração, criando uma forma sutil de autoritarismo em prejuízo do processo democrático.

---

levada à forma constitucional, que conferia legitimidade ao estado e, por conseqüência, aos seus órgãos, vem sendo substituída pelo princípio da "INEVITABILIDADE" dos ajustes exigidos pelo capital financeiro globalizado. (V. GENRO, Tarso. "Legitimidade e Sentença na Ordem Global". *Revista da AJURIS*, n. 74, p. 182-192).
[79] Op. cit., p. 95-96.
[80] Idem, p. 96.
[81] Op. cit., p. 106-107.

A verdade é que as características do que se entendia por soberania têm sido alteradas em função de esta se achar cada vez mais na dependência de fatores externos, o que leva, forma freqüente, a falar-se em perda da soberania. No entanto, o que se tem, em verdade, é o afastamento do caráter absoluto que era atribuído à soberania.

Na lição de Reale:

"Há várias décadas, a soberania é entendida como poder condicionado, tal a sua natural inserção no sistema de forças internacionais, mas nem por isso se poderá falar, não obstante a crescente globalização, em Estado evanescente ou de força aparente. Enquanto houver nações distintas, com seu campo próprio de valores e interesses, será impossível abandonar o conceito de soberania, que tão-somente deixa de ser absoluto para converter-se em poder relativo."[82]

Embora com mudanças em suas características, evoluindo ou não, o que parece inafastável é o fato de que a soberania é inerente ao Estado, verdadeira expressão da própria natureza humana, como ressalta Dyson:

"A soberania nacional é a expressão contemporânea da antiga tradição humana que nos dividiu em tribos, cada qual guardando zelosamente sua independência, orgulhosa das diferenças que a distinguia dos vizinhos. Gostemos ou não, a diversidade de tribos e culturas está profundamente arraigada em nossa história. A guerra é o preço que temos pago por essa diversidade e que a humanidade geralmente se tem mostrado disposta a pagar, sempre que os meios para tal fato estão disponíveis e as perspectivas de êxito não são totalmente nulas. Até mesmo a tribo de Israel, que constituiu uma exceção à regra geral, mantendo sua existência separa-

---

[82] REALE, Miguel. *Crise do capitalismo e crise do Estado*. São Paulo: SENAC, 2000, p. 57.

da sem um exército e sem guerras durante 2 mil anos, escolheu em nossa época a soberania nacional como a alternativa preferível, aceitando o ônus conseqüente da guerra intermitente. Einstein, como membro da tribo, compreendeu e com relutância apoiou essa afirmação violenta de soberania nacional. Enquanto a guerra da independência israelense ainda campeava em 1948, ele escreveu: 'Nunca julguei boa a idéia de um Estado, por razões econômicas, políticas e militares. Mas agora não há volta, e é preciso lutar até o fim'."[83]

---

[83] DYSON, Freeman J. *Infinito em todas as direções*. Trad. Laura Teixeira Motta. São Paulo: Companhia das Letras. 2000. p. 250.

2. Modelos de Estado adotados no século XX

2.1. Considerações iniciais

Dentro dos limites propostos para o presente trabalho, passa-se à análise dos modelos de Estado em voga no século XX – Estado Liberal (clássico), Estado Socialista e Estado de Bem-Estar Social –,[84] tendo-os por ponto culminante do desenvolvimento daquele, como já se disse anteriormente.

Como se verá, os três modelos apontados guardam relação entre si, na medida em que o Estado Socialista se configura em uma reação contra o modo Liberal de Estado, oferecendo-se o Estado Social como aperfeiçoamento deste e alternativa àquele.

2.2. O Estado Liberal

Ao adentrar à análise dos modelos de Estado propostos, dentro do que se tem convencionado chamar Estado Moderno, apresenta-se, em primeiro lugar, o Estado Liberal e, via de conseqüência, o liberalismo – na condição de ideologia política e econômica sobre o qual se funda o modelo –, o qual tem suas raízes ainda nos

---

[84] DALLARI, em sua obra *Elementos de Teoria Geral do Estado* (São Paulo: Saraiva, 21. ed., atual., 2000), também, ao apreciar os modelos de Estado contemporâneo, aponta os aqui referidos.

séculos XVII e XVIII, quando da revolução inglesa e os escritos de HOBBES (especialmente o Leviatã, publicado em 1651).[85]

Rompida a velha ordem[86] como descrito anteriormente, na Europa ocidental, duas grandes ideologias políticas, centradas nos fenômenos revolucionários, corporificaram-se.

De um lado o liberalismo, entendido como a ideologia da esperança, do radicalismo, da liberdade – política, pessoal, de espírito –, da revolução industrial, do progresso, da humanidade.[87]

De outro, o conservadorismo, a ideologia da reação, que buscava restaurar a hierarquia, o estatismo, a teocracia, a servidão e a exploração de classes própria do período anterior.

Assumindo uma posição frontalmente contrária a todas as formas de Estado absoluto, o liberalismo sempre foi agente propulsor de instituições representativas do cidadão e da autonomia da sociedade civil, como autogoverno local e associativo, como espaço econômico, e como espaço cultural, no Estado, mas nunca submisso a este.

Consoante Bastos,[88] o Estado Liberal é o que vai buscar com mais eficiência a concretização da liberdade no sentido do não-constrangimento pessoal, coroando a luta do indivíduo contra a tirania do próprio Estado.

Essas conclusões fundam-se no fato de que a sociedade burguesa, instituindo o chamado mercado livre, firmou-se, fazendo da sociedade civil um sinônimo deste, sendo que para o desenvolvimento de tal tipo de sociedade era imperativa a separação entre o público e o privado, a fim de que os contornos deste se tornassem mais nítidos.

---
[85] Cfe. LECLERCQ, Yves. *Teorias do Estado*. Lisboa: Edições 70,1981, p. 34.
[86] Sobre a expressão "velha ordem", v. ROTHBARD, op. cit., p. 22.
[87] LECLERCQ, op. cit., p. 33.
[88] Op. cit., p. 138-140.

Assim, sem desbordar dos ensinamentos de Bastos, antes expostos, o Estado Liberal se apresenta como desdobramento lógico dessa separação – público e privado –, podendo ser, simultaneamente, representante do público e guardião do privado.[89] Com a ampliação de sua influência no Estado, bem como a partir do fortalecimento de seu poder econômico, a burguesia termina por romper com o poder monárquico absolutista – as revoluções burguesas buscavam suprimir os controles impostos pelo mercantilismo.[90] Embora substituído pelo Estado Liberal, algumas características do absolutismo remanesceram, apontando-se como a mais relevante, para esta apreciação, o conceito de soberania do Estado, na medida em que a centralização das decisões políticas será mantida.

A principal característica da burguesia no século XVIII era a recusa a qualquer espécie de intervencionismo estatal, ante o entendimento de que se o Estado fosse cada vez mais restrito, tanto melhor seria o mundo. Entretanto, de fato, a burguesia liberal não pode ser caracterizada como antiestatal, pois não poderia prescindir do ente estatal e de sua intervenção para muitos de seus interesses, v.g. a repressão da classe operária e suas reivindicações, a proteção do Estado em relação a ameaças internas e externas que deveriam ser reprimidas à força.[91]

Em verdade, a classe burguesa do século XVIII (século do Iluminismo) almejava alcançar uma ampla liberdade no que respeitava às atividades econômicas, o que impunha a limitação do poder do Estado, sem, no entanto, retirar-lhe, forma integral, o poder político, como defendem os *libertários*.[92]

---

[89] NELSON SALDANHA afirma que um do ideais implícitos do liberalismo consiste exatamente na procura de um equilíbrio entre a ordem privada e a pública, que seria mais uma das conciliações propiciadas pelo relativismo liberal (in *O Jardim e a Praça*. Porto Alegre: Fabris, 1986, p. 26).
[90] V. DALLARI, op. cit., p. 275-277.
[91] Idem, p. 277.
[92] STRECK e MORAIS, op. cit., p. 45.

Tem-se, pois, como base do Estado liberal, o liberalismo econômico.[93]

Embora não se possa afirmar que exista uma definição perfeita do liberalismo, posto que antes de meramente uma doutrina, trata-se de uma prática histórica continuada ao longo do tempo, superando, até mesmo, a própria ação dos partidos liberais, pode-se descrever o liberalismo como o movimento que enfatizou, ao invés da tradição, o contrato sobre o estatuto, o presente e o futuro sobre o passado, o valor e os direitos do indivíduo sobre os poderes do Estado, em desafio à sua superioridade.

Basicamente, o liberalismo se constituiu em atitude de defesa do indivíduo, homem ou cidadão, desafiando atos arbitrários de governo.

Inicialmente, o liberalismo volta-se contra o absolutismo político e a sociedade estamental do *ancien régimen*, que impedia a liberdade e a mobilidade social, também combatendo a economia feudal estática que obstruía a liberdade de iniciativa econômica e o próprio progresso.

Hodiernamente, opõe-se ao totalitarismo e autoritarismo político, assim como ao estatismo na economia, sempre sob a mesma bandeira: a defesa da liberdade, especialmente em termos de mercado.[94]

As razões da burguesia para implantar o liberalismo econômico estão estampadas na *teoria da mão invisível*, formulada por Adam Smith, em sua obra *A Riqueza das Nações*, segundo a qual há uma lógica interna na produção de mercadorias. Haveria um ordenamento perfeito, natural, no funcionamento das atividades econômicas, onde qualquer intervenção de elemento externo é dispensável.[95]

---

[93] "Do ponto de vista político, o liberalismo se afirmaria como doutrina durante o século XIX, sobretudo a partir de 1859, com a publicação da obra "Da Liberdade", de STUART MILL." (DALLARI, op. cit., p. 275).
[94] V.: BOBBIO, Norberto. *Liberalismo e Democracia*. 6. ed., São Paulo: Brasiliense, 1997, p. 7.
[95] Em outras palavras: uma mercadoria só é produzida se existente necessidade de seu consumo, assim, o mercado de compra e venda regula a atividade produtiva, não cabendo a interferência do estado. Daí a máxima:

A crença era de que um mercado livre seria a garantia da igualdade, todos comprariam e venderiam alguma mercadoria, apesar da existência de diferenças sociais (a burguesia como proprietária dos meios de produção e os trabalhadores com sua força de trabalho). A conclusão era de que ao Estado cumpriria, tãosomente, proteger as condições de liberdade e igualdade, naturalmente postas, ou seja, funcionaria, apenas, como uma espécie de vigia.[96] Incumbe ao Estado proteger os indivíduos contra tudo o que possa atingir ou subverter seus direitos inalienáveis (liberdade, igualdade, vida e propriedade).

A eficácia do Estado na manutenção da segurança social estaria sempre ligada ao cumprimento das leis, as quais deveriam estar orientadas por valores representados pelos referidos direitos inalienáveis. Assim, estar-se-ia diante de uma sociedade racional, na medida em que a vida social estaria estabelecida pelas leis, simplificando a própria tarefa do Estado, pois estariam reguladas as relações dos indivíduos entre si e desses com o Estado – por isso a noção de um contrato social.[97]

Note-se que esse "contrato", ou pacto que institui a sociedade política e, via de conseqüência, o Estado tem por núcleo o indivíduo e a sua propriedade. Para Locke, o pacto instituidor da sociedade política não significa a renúncia, pelo homem, a seus direitos naturais, mas, ao contrário, a sociedade civil surge para preservar estes direitos – liberdade pessoal e propriedade de bens. Na concepção de Locke, a propriedade antecede a própria

---

"*Laissez-faire, laissez-passer, le monde va de lui-même*" (Deixai fazer, deixai passar, o mundo caminha por si só.). V. LECLERCQ, op. cit., p. 39-45.

[96] John Locke, na obra Segundo Tratado Sobre o Governo, chega a formular a figura do Estado como guarda noturno (v. WEFFORT, Francisco C. (org.) *Os clássicos da política*. v.1., 13.ed., São Paulo: Ática, 2000, p. 90-110).

[97] "Em Locke, o contrato social é um *pacto de consentimento* em que os homens concordam livremente em formar a sociedade civil para preservar e consolidar ainda mais os direitos que possuíam originalmente no estado de natureza." (MELLO, Leonel Itaussu Almeida. "John Locke e o individualismo liberal", in WEFFORT, op. cit., p. 86).

organização da sociedade, ou seja, o Estado não cria a propriedade, mas é criado para protegê-la e garanti-la.

A propriedade individual como elemento nuclear da sociedade e do Estado é questão inafastável nesta linha de idéias, mesmo para Rousseau,[98] que entende que a propriedade só surge com o Estado, pois ele é que lhe dá legitimidade, diferenciando-a do mero ato de usurpação.

Na visão de Rousseau, em estado natural, o homem está sujeito apenas à lei natural de autopreservação, ligada à necessidade de sobrevivência, razão pela qual a noção de propriedade não se sustenta, pois a relação do homem se dá apenas com a natureza, ao passo que a noção de propriedade implica a relação com o outro e sua regulação, o que só pode ser estabelecido posteriormente ao surgimento da lei civil, ou seja, do Estado. No que antecede este momento, tem-se apenas ocupação, o que não legitima a exclusão de terceiros.

A proposta de Rousseau, no Contrato Social, é estabelecer freios e controles ao uso e à acumulação de propriedade, sempre norteado pelos princípios da liberdade e da igualdade, tendo o Estado como garante desse processo.

A burguesia, em sua própria concepção, criou uma sociedade racional e ordenada, o que gera uma estabilidade, pois não haveria necessidade de novas revoluções, na medida em que a razão controlaria as paixões. O próprio lucro, condenado pela Igreja, passa a integrar a lógica da cadeia produtiva, sem oposição daquela, de vez que identifica a competência de produtores e vendedores.[99]

---

[98] "O verdadeiro fundador da sociedade civil foi o primeiro que, tendo cercado um terreno lembrou de dizer isto é meu e encontrou pessoas suficientemente ingênuas para acreditá-lo." (Discurso da Desigualdade. Segundo Discurso, V. 164).

[99] "A riqueza, desta forma, é condenável eticamente, só na medida em que constituir uma tentação para a vadiagem e para o aproveitamento pecaminoso da vida."(WEBER, Max. *A ética protestante e o espírito do capitalismo*. 13. ed. Trad. Irene Q.F. Szmrecsányi e Tamás J.M.K. Szmrecsányi. São Paulo: Pioneira, 1999, p. 116).

Tem-se, pois, a necessidade de ampla liberdade para produzir e vender, sendo saudável a livre concorrência, pois esta só poderia ser benéfica à sociedade.

A revolução levada a efeito pela burguesia não prescindiu do Estado,[100] quer para derrotar a nobreza, como também para impedir os avanços do proletariado, não se podendo ignorar que esse processo revolucionário se deu de forma complexa e contraditória, em certos momentos, com avanços e recuos das forças sociais envolvidas, mas que culminou com a vitória da burguesia, uma vez que inegáveis as transformações políticas, sociais e econômicas concretizadas.

Evidentemente, não houve um completo estabelecimento da democracia liberal nas sociedades capitalistas, preponderando esta naquelas onde ocorreram choques com a nobreza resistente, onde se fez necessário buscar apoio entre os trabalhadores e camponeses. Nestes casos, a burguesia se viu obrigada a adaptar seu programa revolucionário para atender aos interesses da população, sendo este o caminho possível, quiçá único, encontrado para assumir o poder: autoproclamar-se representante dos interesses da sociedade.[101]

A partir da revolução burguesa, o parlamento ganha importância, pois se torna o legítimo representante da sociedade civil, a diversidade de classes e segmentos sociais diferentes e conflitantes tinham que ser considerados.[102]

Assim, o parlamento recebia os representantes da sociedade através dos partidos políticos, que surgiram a partir do século XIX, como organizações com possibilidade de abrigar a pluralidade de princípios, idéias e valores da sociedade moderna. Ou seja, o partido político seria o veículo que levaria a sociedade civil ao Estado,

---

[100] Não se desconhece, entretanto, que o liberalismo é apresentado como uma teoria *antiestado* (v., por exemplo, STRECK e MORAIS, op. cit., p. 53).
[101] V. STRECK e MORAIS, op. cit. p. 44-47.
[102] Na luta contra a nobreza, a burguesia uniu diferentes segmentos sociais sob sua liderança, natural, portanto, que o parlamento abrigasse essa diversidade e ocupasse posição de extremo destaque neste novo Estado.

mas para que assim se efetivasse, necessário que a escolha dos representantes se desse pela via eleitoral, daí exsurgindo o direito de voto.

De início, a sociedade capitalista introduziu o voto censitário, restabelecendo o velho princípio de direito romano que atribuía direito de voto apenas àqueles que, através de um censo, fossem considerados proprietários. O direito ao sufrágio universal, sem restrições, foi reivindicação constante nas lutas do proletariado, no século XIX, na Europa, sendo alcançadas algumas vitórias, uma delas o voto universal masculino.[103]

O aumento da pressão da classe operária contra a dominação burguesa termina por diminuir a importância do parlamento, embora não o leve ao desaparecimento, pois o governo central – Poder Executivo – sobrepuja os demais setores do Estado, a fim de que os interesses burgueses pudessem ser mantidos.

O governo central, que executa ações em conformidade com as leis elaboradas pelo Poder Legislativo, cabendo ao Judiciário zelar pelo cumprimento daquelas, que caracteriza o estado liberal, não logra alcançar uma divisão de poderes igualitária. Há um conflito ente os Poderes, triunfando o Executivo – governo central que detém o controle do aparato de força –, pois se as divergências entre as classes sociais se acirram, conflituando as relações entre os Poderes o governo central poderia fechar o Parlamento e manter o Judiciário sob seu controle, para enfrentar a crise social – golpe de Estado.[104]

---

[103] A propósito: STRECK e MORAIS, op. cit., p. 48-49.

[104] Ao comentar a separação de Poderes e a posição de Düguit, assevera PAULO BONAVIDES: "As palavras de Düguit ajustam-se admiravelmente à tragédia política do presidencialismo sul-americano, quando o eminente publicista vê naquele princípio 'uma fonte de distúrbios, revoluções e golpes de Estado'. Se ele, em França, derrubou a Realeza no ano de 1792, e esmagou o Parlamento em 1851, conforme nos afirma o publicista, por quantas crises não é, aliás, responsável, no sistema presidencialista das repúblicas latino-americanas, onde nunca se observou sua prática rigorosa, nem tampouco serviu ele para tutelar a liberdade política, funcionando, bem pelo contrário, como

Não havendo um Poder Executivo forte, como antes exposto, o próprio parlamento pode votar por seu próprio fechamento, por tempo determinado, convergindo o poder para o governo central, configurando-se o estado de sítio. Tem-se, nessa situação, suspensão das garantias e direitos do cidadão, surgindo uma verdadeira ditadura do Executivo. Vê-se, pois que o Estado, ao contrário do que pretendia o ideário liberal, ganhou força e espaço, afastando-se da proposta inicial de Estado mínimo.

De fato, a história não confirma todas as previsões do liberalismo. A total liberdade das forças econômicas não levou ao bem-estar social esperado, especialmente no que diz respeito à classe operária, constatando-se que o equilíbrio entre as partes contratantes, nas relações de trabalho, inexiste ante a disparidade socioeconômica.[105]

Por mais que o Estado liberal tenha assumido a posição de fiador de uma política de não-ingerência, nunca deixou de influenciar decisivamente a economia capitalista, pois os recursos arrecadados pelo Estado sempre tiveram importância, na medida em que investidos no desenvolvimento econômico para garantir a manutenção do próprio sistema social.

Assim, o Estado teve que, necessariamente, fazer-se presente para suprir omissões, coibir abusos e levar à frente empreendimentos que não podem ser realizados pela iniciativa privada, o que acabou por dar espaço ao surgimento do Estado Social, que adiante será abordado.

Apesar de todas as contradições que a história do Estado Liberal encerra, não se pode deixar de reconhecer que o liberalismo econômico foi responsável por um desenvolvimento material sem precedentes na história,[106] é uma ideologia viva até hoje (ainda que sob

mecanismo que faz das crises de governo crises de Estado, e quase invariavelmente conduz o regime à perdição e ao naufrágio nas aventuras da espada e do caudilhismo sem entranhas!" (*Do Estado Liberal ao Estado Social*. São Paulo: Malheiros. 6. ed., rev. e ampl., 1996, p. 87).
[105] Conforme DALLARI, op. cit., p. 278.
[106] A Revolução Industrial (séc. XVIII e XIX) se deu sob sua égide.

novas vestes), sendo inafastável seu mérito no que diz com a proteção das liberdades fundamentais.

2.3. O Estado Socialista

Sem dúvida, não é possível analisar questões relativas ao Estado, no século XX, sem que seja examinado o chamado Estado Socialista, implantado a partir do ideário político que deu suporte à revolução de 1917, na Rússia.

De outro lado, não se pode falar sobre o Estado Socialista sem, antes, traçar os próprios princípios do socialismo, ideologia política que lhe dá origem.

Consoante Pianciola, de forma resumida, tem-se definido o socialismo como o programa político das classes operárias que se formaram a partir da Revolução Industrial, sendo que se pode identificar uma base comum nas várias linhas do socialismo na transformação substancial do ordenamento jurídico e econômico fundado na propriedade privada dos meios de produção e troca, numa organização na qual o direito de propriedade é muito limitado, os principais recursos econômicos estão sob o domínio das classes trabalhadoras, sua gestão tem por objetivo promover a igualdade social, através da intervenção dos poderes públicos.[107]

Prosseguindo, o mesmo autor,[108] afirma que o termo e o conceito de socialismo estão unidos, desde sua origem, com os de comunismo, como se pode observar no desenvolvimento da história contemporânea.

Ao final do século XIX e primeira década do século XX, o socialismo deixa de ser uma ideologia restrita a "clubes de intelectuais", difundindo-se, originando partidos fortes, movimentos, bem como suscitando revolu-

---
[107] BOBBIO, Norberto. MATTEUCCI, Nicola. PASQUINO, Gianfranco. Dicionário de Política. v. 2. Brasília: UnB. 11. ed. 1998. p. 1197 (verbete SOCIALISMO).
[108] Idem, ibidem.

ções. Este período também é um período de reflexões, as quais giram basicamente quanto a dois aspectos: a evolução do capitalismo e o papel do Estado. Conforme Dallari:

"O socialismo remonta a período muito anterior, entretanto, quando surgiu o movimento socialista, no início do século XIX, incorporado às teorias anarquistas, ninguém pretendia, e seus líderes também não admitiam, que se pensasse num *Estado socialista*. Com efeito, as injustiças sociais, a miséria do proletariado, a existência ostensiva de uma pequena classe de privilegiados, tudo isso, segundo os primeiros socialistas, só se mantinha graças ao Estado. E não se pensava que o Estado pudesse ter outra utilidade que não a manutenção e a proteção dos privilégios".[109]

O socialismo, em suas diversas correntes, havia previsto que a revolução social acabaria por determinar, cedo ou tarde, o fim do capitalismo. Marx e Engels proclamam: "O proletariado utilizará sua supremacia política para arrancar, pouco a pouco todo o capital à burguesia, para centralizar todos os instrumentos de produção nas mãos do Estado, isto é, do proletariado (...)."[110]

Entretanto, embora as crises econômicas e guerras imperialistas,[111] o capitalismo não só resistia, mas parecia fortificar-se, sem que o socialismo utópico ou o mutualismo pudessem oferecer uma resposta a esta situação.

Restava o marxismo como alternativa, mas esta mesma evolução do capitalismo abalava as previsões de Marx. Se é verdade que não havia sido estabelecida uma data para o final do capitalismo, de outro lado, as

---

[109] Op. cit., p. 283.
[110] MARX, Karl e ENGELS, Friedrich. *Manifesto do partido comunista.* 9.ed., São Paulo: Global, 2000, p. 95.
[111] O Segundo Império findava na França, os pequenos reinos alemães eram absorvidos e o czarismo agonizava.

análises levadas a efeito indicavam que nos países mais industrializados as próprias causas do sistema provocariam sua ruína, ou, pelo menos, assim se encaminharia.

Ante esta situação, surgem resistências e, até, rejeição, ao determinismo econômico, que considerava a derrocada do capitalismo como conseqüência lógica do sistema, frente às situações extremas, de classe, a que levaria. Assim, economistas e doutrinadores retomaram as análises de Marx e Engels (inclusive os próprios),[112] quer para nelas se afirmarem, quer para correções e revisões (data desta época o revisionismo). Desta retomada, alguns terminam por concluir que é necessário agregar uma ação política.[113] Outros, partindo da conclusão de que o crescimento do sistema capitalista não gera, correlativamente, uma consciência revolucionária nas massas, optaram por uma orientação revolucionária, renunciando ao determinismo organizador. Outros, ainda, abdicando de tendências revolucionárias, derivaram para a criação de partidos trabalhistas voltados a um "trade-unionismo" prático. Na Alemanha outra via foi adotada, ou seja, a subordinação dos sindicatos à social-democracia, já na França e na Itália optou-se por um sindicalismo apolítico.[114]

De fato, o Estado, mesmo perecendo os regimes políticos, não deixou de se reforçar como máquina administrativa e policial, sendo de se considerar que os

---

[112] Conforme CAPELLA, op. cit., p. 150-151: "O Manifesto comunista foi, originariamente, um texto ocasional de circunstâncias, redigido nas vésperas da maré revolucionária de 1848 com a urgência de abandonar idéias velhas. (...) O circunstancial do texto logo obrigou seus autores a considerar obsoletas algumas de suas partes e, mais tarde, inclusive, atributos bastante centrais de sua concepção dos processos históricos."

[113] A discussão, no ponto, estabeleceu-se quanto aos limites desta ação – problema que até hoje remanesce para os sociais-democratas –, colaborar com o Estado burguês, para avançar em conquistas econômicas e sociais, a fim de dar força às contradições que levarão à derrocada do capitalismo? No entanto, a prática vinha demonstrando que esta estratégia acabava por fortificá-lo, etc.

[114] O próprio LENIN constata esta discussão (v. FERNANDES, Florestan.(Org.) Lenin. 3. ed., São Paulo: Ática, 1989, p. 97-102).

mecanismos democráticos, antes de enfraquecê-lo, acabaram por justificá-lo.

Assim, outro problema aflora para os marxistas, qual seja, na hipótese de uma insurreição, a superação deste Estado "forte" implicaria muitas dificuldades. Não fosse suficiente, é necessário limitar a agressividade do Estado que dispõe de armas repressivas eficazes, surgindo a hipótese de levar-se a efeito uma política de presença, sendo de considerar, ainda o fracasso de um governo insurreicional que não recorrera à ditadura – Comuna de Paris.[115]

As denominadas fases da sociedade comunista, passaram a ser identificadas, adiante, como *socialismo* e *comunismo*, dando-se ao primeiro o significado de sociedade transitória no caminho rumo ao modo de produção integralmente comunista.[116]

De fato, como Bobbio já apontou,[117] ao marxismo falta uma teoria política própria e verdadeira, uma teoria do Estado,[118] razão pela qual se faz necessária uma abordagem do Estado socialista através do marxismo-leninismo, que levou ao surgimento da União Soviética, Estado-guia dos Estados socialistas, na afirmação de Bobbio.[119]

Após a revolução bolchevista de 1917, a ideologia marxista, com os acréscimos leninistas, passa a ter uma base concreta, as repúblicas socialistas.

Lenin, desde seus primeiros escritos, especialmente em *"Que Fazer?"* (1902), insistia no sentido de que é

---

[115] "Embora considerando a Comuna o primeiro *Estado proletário*, os próprios autores socialistas reconhecem que na realidade, não se pode sustentar que ali se tenha feito uma experiência marxista." (DALLARI, op. cit., p. 285).
[116] Conforme PIANCIOLA (*op. cit.*, p. 1199 – verbete Socialismo): "A formação de um movimento político da classe operária que se organiza com vistas à gestão do Estado e à direção central da economia (deixando a questão de como chegar a este resultado, por via pacífica ou revolucionária, às circunstâncias históricas concretas) foi o motivo principal da divergência e da luta furiosa suscitadas no seio da primeira Internacional entre o Socialismo de Marx e Engels e o anarquismo em suas várias formas."
[117] BOBBIO et al. *O Marxismo e o Estado*. Rio de Janeiro: Graal, 1979, p. 13.
[118] No mesmo sentido, FURIO DIAZ, in *O Marxismo e o Estado*, p. 119.
[119] V. *Estado, Governo, Sociedade*. São Paulo: Paz e Terra. 1995, p. 117.

necessária uma base teórica revolucionária, para o movimento revolucionário. Passa, pois, a ideologia a instrumento imprescindível para a luta revolucionária, o que se relaciona com a falta de confiança em relação à pretensa espontaneidade revolucionária que viria a provocar a insurreição do proletariado contra o *status quo*.[120]

A ideologia, entretanto, não é alçada à condição de dogma, ela serve à unificação e assimilação da experiência revolucionária dos proletários de todo o mundo, não se afastando nunca da prática, devendo responder às novas questões suscitadas pela experiência. Assim, a ideologia se torna não apenas um guia da ação, mas o que explica, ilumina as relações sociais e permite aos homens a tomada de consciência da realidade – na medida em que é um elemento da política revolucionária, torna-se um instrumento da marcha para o comunismo: "Educando o partido operário, o marxismo educa uma vanguarda do proletariado capaz de tomar o poder e de conduzir todo o povo ao socialismo, de dirigir e organizar um regime novo, de ser o educador, o guia e o líder de todos os trabalhadores e explorados(...)."[121]

Essa valorização da ideologia, por Lenin, levou à organização de um aparato de formação,[122] o qual vai determinar que os grandes líderes políticos comunistas sejam, também, teóricos do marxismo, sendo suas decisões orientadas e justificadas ideologicamente, além de se transformarem em contributo para o desenvolvimento da própria ideologia.[123]

Assim como a ideologia é militante, todo o conhecimento deve ser, o que determina o controle, por parte

---

[120] V. "Que fazer?", in FERNANDES, Florestan.(Org.) *Lenin*. 3. ed., São Paulo: Ática, 1989, p. 97-110.
[121] LENIN, *apud* FERNANDES, op. cit., p. 40.
[122] Os membros do Partido Comunista têm como dever primeiro a própria formação ideológica.
[123] A importância da formação ideológica das lideranças do Partido tem tal importância, que eventuais erros ou negligência são apresentados como fruto da "má assimilação dos princípios teóricos do marxismo-leninismo".

das autoridades do Partido – os melhores ideólogos – sobre o pensamento e a arte, o que significa um controle do Estado, em última análise.[124] Lenin buscou distinguir e concretizar as fases relativas à passagem do Estado capitalista ao socialismo. O objetivo da revolução proletária é o aniquilamento do Estado burguês, e não apenas seu paulatino enfraquecimento, ou seja, a ditadura do proletariado passa, forma imediata, a ser algo completamente diverso do Estado que acabara de ruir. A violência e a dominação não desaparecem, mas o Estado deixa a condição de mediador dos conflitos de classe e mantenedor de privilégios, agora ele constitui o proletariado em marcha e tudo o que resta ou lembra o antigo Estado só se justifica ante o objetivo a ser alcançado. O afastamento do democratismo hipócrita e opressor é que permite a criação de condições de liberdade verdadeira, só a partir daí inicia um processo mais lento e gradual de desaparecimento, no interior da própria ditadura do proletariado, dos vestígios da dominação e da violência.[125]

A grande questão é o tempo de duração deste processo de morte inevitável do Estado, que o próprio Lenin reconhece em aberto (v. *O Estado e a Revolução*).[126]

Apesar do que se expôs, o Estado subsiste na União Soviética. Após 1917, o poder dos sovietes (forma política muito diversa do Estado clássico) dá seu lugar ao poder do Partido, progressivamente mais concentrado, e ao poder do Conselho dos Comissários do Povo. Lenin tem ciência de que é inevitável o não-enfraquecimento do Estado, mas não se resigna frente a este fato, tentando, de tempos em tempos, até sua morte, compensar o tamanho e a força da máquina burocrática e administrativa através da criação de organismos de controle popular.

---
[124] "Para Lenin, o movimento revolucionário seria incapaz de levar a cabo as lutas conseqüentes sem a intervenção do partido." (LECLERCQ, op.cit., p. 88).
[125] LECLERCQ, op. cit., p. 91-92.
[126] Reprodução parcial in FLORESTAN, op. cit., p. 139-152.

Embora o que se disse, muitos têm reconhecido em Lenin o revitalizador do socialismo de esquerda, restaurando o marxismo revolucionário clássico,[127] sob o ponto de vista de que havia aspectos conservadores nos escritos de Marx e Engels, que, por vezes, justificaram o Estado e o imperialismo ocidental e o nacionalismo exacerbado. Lenin assumiu uma postura mais à esquerda, pois adotou postura mais revolucionária em relação ao Estado e, coerentemente, apoiou movimentos de libertação nacional contra o imperialismo, estando sua atenção mais voltada, na prática, para o monopólio do Estado e o imperialismo do que para o capitalismo – *laissez faire*.

Em 1919, Kautsky escreve o panfleto *Terrorismo e Comunismo*, em frontal oposição ao caráter antidemocrático e anti-socialista da ditadura leninista, reclamando, como salvação do Estado na Rússia, a necessidade de uma assembléia constituinte na forma clássica. Lenin retruca firmando posição no sentido de que a ditadura absoluta do proletariado é menos opressiva que a democracia burguesa e se constitui numa conseqüência concreta da fraqueza do proletariado na União Soviética.[128]

Para Lenin a severa disciplina do proletariado, a concentração de esforços, a organização interna, constituem condições dialéticas para o desaparecimento de qualquer espécie de violência no futuro, sendo que, a partir desta posição, tanto na União Soviética, como nas demais democracias populares, a idéia do desaparecimento do Estado é abandonada em proveito da tese do reforço do Estado socialista até a vitória total do socialismo.[129]

Surge uma nova análise da função do Estado, que passa não mais a ser visto como violência e dominação,

---
[127] ROTHBARD, op. cit., p. 37.
[128] V. LECLERCQ, op. cit., p. 91.
[129] A partir da Constituição de 1936, na União Soviética.

mas ganha *status* de criador, protetor, educador e consciência socialista.[130] Com a morte de Lenin, em 1924, trava-se uma luta por sua sucessão entre Trotsky e Stalin, vitoriando-se este último,[131] que defendia prudência nas relações internacionais e a tese do socialismo em um só país, ao passo que o primeiro pregava a revolução permanente e internacional.

Na condição de "país do socialismo", a União Soviética devia aumentar seu poder através de todos os meios, de forma a tornar-se inexpugnável em relação ao capitalismo, e exemplo vivo, capaz de converter outros países ao socialismo. Essa era a posição de Stalin, que levou a um maior robustecimento do Estado.[132] Em verdade, até sua morte, Stalin ainda considera longínqua a fase comunista, como se pode ver por artigos que publica, em 1952, sob o título de *Problemas Econômicos do Socialismo na URSS*.[133]

Com a morte de Stalin, Kruschev assume a direção do partido que é apartada da direção do governo – assumida por Malenkov (após, substituído por Bulganine) –, mas em 1958, após afastar seus rivais, assume a presidência do Conselho de Ministros, permanecendo à frente do partido, retomando a posição de Stalin. Externamente, tem-se uma política de convivência pacífica

---
[130] "O Estado é um 'poder especial de repressão'. Esta definição admirável e extremamente profunda de Engels é enunciada aqui com a mais perfeita clareza. E daí resulta que esse 'poder especial de repressão' exercido contra o proletariado pela burguesia, (...) deve ser(...) exercido pelo proletariado contra a burguesia." (LENIN, *O Estado e a revolução*, apud FERNANDES, op. cit., p. 149).
[131] Em 1928-1929, Stalin já havia eliminado seus adversários e inicia um reinado, sem partilhas, que vai até 1953, ano de sua morte (v. HOOBLER, Dorothy e Thomas. *STÁLIN*. São Paulo: Nova Cultural, 1987, p. 40-47).
[132] Em 1939, Stalin, em seu relatório ao XVIII Congresso do Partido Comunista, justifica a manutenção do regime autoritário: "No caso particular e concreto da vitória do socialismo em um só país tomado separadamente, envolvido por países capitalistas, ameaçado por agressão militar vinda de fora, esse país deve ter um Estado suficientemente forte para poder defender as conquistas do socialismo contra os ataques do exterior."
[133] Conforme SCWARTZENBERG, in *Sociologia Política*, Rio de Janeiro: DIFAL, 1979, p. 87.

com o Ocidente; internamente, busca-se a "destalinização", o autoritarismo e o centralismo.[134]

No XXI Congresso do PCUS,[135] em 1959, KRUSCHEV retoma a tese do *deperecimento do Estado*, descrevendo-o como a transformação da estrutura do Estado Socialista em uma sociedade comunista por si própria administrada. No programa do Congresso seguinte (XXII), chega-se à indicação de que o Estado que surgiu como um Estado da ditadura do proletariado, converte-se em *Estado de todo o povo*, em órgão que traduz os interesses e a vontade do conjunto do povo. O Estado ainda não desaparece, mas já se transforma.[136]

Este Estado tem a missão essencial de organizar a passagem para o comunismo, constituindo uma forma intermediária entre a ditadura do proletariado e a auto-administração comunista, sendo que, edificada a sociedade comunista, este Estado desaparecerá.[137]

Em 1977, vem a público um novo projeto de Constituição que retoma, em seu núcleo, as disposições da Carta de 1936, mas introduz no ordenamento constitucional o conceito de Kruschev de "Estado do povo inteiro".[138]

Entretanto, entre o Estado da ditadura do proletariado e o do povo inteiro, como concebido pelos sucessores de Kruschev, há pouca diferença. A tendência indica mais a reabilitação do Estado que seu perecimento. Além disso, releva notar que o poder se concentra em benefício do PCUS.

Ao falecer Brejnev, em 1982, sucedem-no Andropov e Chernienko, até a morte deste em março de 1985, quando o Comitê Central do PCUS elege Mikhail Gorbachev seu

---
[134] HOOBLER, op. cit., p. 98.
[135] PCUS: Partido Comunista da União Soviética.
[136] V. DALLARI, op. cit., p. 287.
[137] Essa é a posição de LENIN quando escreve "O Estado e a revolução", v. FERNANDES, op. cit., p. 139-152.
[138] O art. 1º da Constituição de 1936 dispunha: "A URSS é um Estado socialista dos operários e camponeses". O art. 1º da Constituição de 1977, à sua vez, afirma: "A URSS é o Estado socialista do povo inteiro".

Secretário-Geral e tem início um processo de reformas que resultará, em dezembro de 1991, na extinção jurídica da União Soviética.[139] Conquanto muito se pudesse discutir no que diz respeito às causas e questões que levaram ao fracasso do regime comunista soviético, interessa perquirir se este fracasso significa ou não o fracasso do socialismo como doutrina e, via de conseqüência, do modelo de Estado que inspirou – na medida em que não é possível negar que este regime foi o fundador do modelo estatal socialista, imitado nos países que o adotaram.[140]

Evidente que esta posição pode ser discutida, como, aliás, Bobbio o fez,[141] mas o fato indiscutível é que a União Soviética é, pelo menos, o grande exemplo de tentativa de implementação do Estado Socialista.

Retornando à questão, tem-se que não se pode afastar, dentre outras causas que determinaram o fim do Estado Socialista soviético, a falta de liberdade, o que, diga-se, já tinha sido declarado como inevitável após a instalação do comunismo, no modelo marxista, por Proudhon[142] e Bakunin.[143]

---

[139] Neste período, implanta-se a chamada PERESTROIKA (conjunto de reformas políticas e econômicas), complementada pela GLASNOST (política de transparência cujo objetivo era afastar a falta de comunicação e a idéia de um sistema dirigido, infenso à opinião pública, angariando, pela informação e participação o apoio popular). V. DALLARI, op. cit., p. 296.
[140] Não se desconhece que SCHWARTZENBERG (Sociologia Política, p. 75) aponta como formas de Estado socialista: a soviética, a mais laxista da democracia popular e a chinesa (mais rígida).
[141] Em 1978, no artigo denominado "A União Soviética é um país socialista?" (v. As ideologias e o poder em crise, Brasília: UnB, 4. ed., 1995, p. 76-80), afirma que a resposta a esta questão dependerá da noção que cada um tenha do que seja socialismo, já em obra posterior (Estado, Governo, Sociedade, publicada na Itália em 1985), classifica a União Soviética como Estado socialista, aliás, Estado-guia dos Estados socialistas (v. op. cit., São Paulo: Paz e Terra, 4. ed., 1995, p. 119).
[142] "Carta para Karl Marx", 1846 (Correspondências, 1874-5), in WOODCOOK, George (selecion.) Os grandes escritos anarquistas. 4.ed., Porto Alegre: L&PM. 1990, p. 126-128.
[143] "Os perigos de um estado marxista." (Obras, v. IV, 1910),), in WOODCOOK, op. cit., p.128-131.

Até mesmo Gorbachev reconheceu que o regime tentou manter sua existência pelo desaparecimento do que há de humano no homem.[144] O Estado foi transformado em instrumento de opressão nas mãos da classe dominante – o Partido Comunista –, ao contrário do que se pretendia com a implantação da ditadura do proletariado, que se constituiria em passagem para o fim do próprio Estado.

A *nomenklatura* encarava qualquer forma de pensamento diversa da sua como uma ameaça ao seu poder, razão pela qual deveria ser reprimida, sob o argumento de que se tratava de uma tentativa de desestruturar o regime comunista soviético. A ditadura do proletariado passou a ser uma ditadura dos líderes do Partido, o qual transformara as aspirações morais de Marx em cinismo.[145]

De outro lado, na mesma proporção em que decaia o sistema econômico soviético, crescia a burocracia e seu poder (apenas não se podendo precisar se o crescimento da burocracia é que deu causa à decadência econômica ou se esta abriu espaço àquela, com o fim de ocultar fatos e manter o "moral" socialista). Enquanto a corrupção e o mercado negro eram tolerados pelas autoridades, os trabalhadores eram responsabilizados pela queda da produtividade que passou a comprometer a economia soviética.

O comprometimento da economia soviética, de forma direta, passou a comprometer o seu poder de grande potência militar, fato que justificava a hegemonia da URSS no mundo socialista e sua posição de eterno opositor ao capitalismo imperialista, que mantinha os ideais marxistas vivos e o povo soviético na esperança de sua total concretização.

---

[144] Cfe.: MORAES, Emanuel de. *A Origem e as Transformações do Estado*. v.5, Rio de Janeiro: Imago, 1998, p. 483-485.

[145] Recordem-se os fatos postos a claro pela GLASNOST de que a *nomenklatura* era o maior cliente do mercado negro no período do governo de BREJNEV.

Em verdade, o fim do Estado soviético se deu em função de seu próprio esgotamento, talvez por força de sua incapacidade econômica e regime autoritário implantado por seus governantes em nome do socialismo e do marxismo, mas, acima de tudo, pouco a pouco, ocorreu um distanciamento entre o povo que participara da Revolução de 1917, que aprovara o fim do czarismo e a implantação da nova ordem, do novo Estado, perdeu-se a empatia, a identidade entre o povo e o socialismo que foi posto em prática.

Esta constatação é corroborada pela frustração do golpe de Estado desfechado, a 19 de agosto de 1991,[146] por elementos do próprio governo, que, aproveitando as férias de Gorbachev na Criméia, o fizeram cativo, buscavam o restabelecimento do antigo regime. Entretanto, o povo saiu às ruas, enfrentou as forças armadas e repudiou a tentativa de retrocesso.

Após a tentativa de golpe, a rejeição popular ao sistema anterior alcançou o máximo de sua exteriorização com as demolições de estátuas de ícones como Lenin, deixando claro o seu desejo de abandonar o regime que tentava retornar.

A consciência e a liberdade humana passaram a ser valores fundamentais. O Partido Comunista, que monopolizava a verdade e o próprio poder, foi substituído por assembléias eleitas livremente pelo povo, terminando o controle do pensamento pela força policial, sendo as reformas econômicas levadas a efeito democraticamente.

De qualquer sorte, a experiência soviética trouxe contributos inegáveis aos conceitos que informam o estado moderno, não se podendo deixar de referir a programação constitucional – normas programáticas – e

---

[146] Lembre-se que estava marcada para 20 de agosto de 1991 a assinatura do Tratado da União, já ratificado por todas as demais repúblicas, onde não somente seria alterado o nome da União das Repúblicas Socialistas Soviéticas para União das Repúblicas Soberanas Soviéticas, como também era concedida autonomia às repúblicas para conduzirem suas políticas, sem interferência do poder central.

a planificação econômica, largamente difundidas nos Estados contemporâneos.

2.4. O Estado de Bem-Estar Social

Dentro da análise proposta, relativamente aos modelos de Estado adotados no século XX e que, portanto, vêem-se sujeitos às novas variáveis surgidas nesse período, especialmente o neoliberalismo e a globalização, chega-se, por fim, ao Estado de Bem-Estar Social ou, simplesmente, Estado Social.

O termo Estado Social – "Welfare State", Estado de Bem-Estar Social[147] –, tornou-se usual a partir da Segunda Guerra Mundial, para o fim de designar um sistema político-econômico onde a promoção da segurança, do bem-estar social e econômico é responsabilidade do Estado.

O Estado Social se caracteriza pelo fato de se fazer presente em setores de grande importância social, tais como a previdência, a assistência social, educação, sempre com um sentido intervencionista e direcionador.

O Estado Social representa o modelo de Estado adotado pela maioria dos países de regime democrático em nosso século, sendo, a partir da década de 60, também denominado Estado Assistencial, como uma degeneração do próprio Estado Social, indicando a crise do modelo na generalidade dos países onde adotado.[148]

Este sistema de Estado surge com a emergência das contradições da própria economia capitalista, o fim da cultura campesina e da solidariedade familiar, o surgimento da urbanização e da imigração, bem como da

---
[147] Embora não se desconheça a diferenciação apontada por GARCIA-PELAYO, os termos, aqui, são tomados como sinônimos, pelo fato de que indicam uma forma de Estado voltada para questões sociais.
[148] Conforme CAPELLA, op. cit., p. 96: "As políticas neo-liberais e mistas, postas em prática desde então, reduziram o 'Estado de Bem-estar' a pouco mais que 'Estado de assistência' (...)". Também, BOBBIO, MATTEUCCI e PASQUINO, op. cit., p. 417 (verbete Estado do Bem-Estar).

extensão do direito de voto e o surgimento da social-democracia.[149]

Estas transformações socioeconômicas e políticas deram causa a uma nova forma de pobreza. A sucessão de períodos de recessão econômica, acompanhada de altas taxas de desemprego, a necessidade dos pobres e desamparados (viúvas, órfãos e todos aqueles que, por vários motivos, não têm o suficiente para viver), trouxe a exigência de um envolvimento direto do Estado no sentido de propiciar a superação destas dificuldades, a fim de manter a estabilidade social.

Entre 1883 e 1892, Bismarck institui, na Alemanha, uma legislação social favorável aos mais necessitados,[150] mas somente em 1920 tais medidas alcançaram uma extensão e uma organicidade que permitisse falar-se em uma política social, propriamente.

Como já apontado neste trabalho, o Estado de Bem-Estar Social começa a tomar forma, no aspecto institucional, a partir da Constituição Mexicana de 1917 e da Constituição de Weimar, de 1919,[151] bem como a partir do *Social Security Act*, promulgado nos Estados Unidos da América do Norte, em 1935, mas não guarda uniformidade total, adaptando-se às peculiaridades de cada país onde implantado.[152]

Entretanto, como se disse, sem guardar uniformidade, a verdade é que a intervenção do Estado e a

---

[149] V. DALLARI, op. cit., p. 278-280; também STRECK e MORAIS, op. cit., p. 60-67.

[150] Esta legislação tem por precedente a "poor law" (lei dos pobres), inglesa, de 1601, suprimida em 1834. (ROSANVALLON, op. cit., p. 23)

[151] V. "As crises do Estado contemporâneo", de José Luis Bolzan de Morais (in *América Latina*: cidadania, desenvolvimento e Estado. Porto Alegre: Livraria do Advogado. 1996, p. 37-50).

[152] Em verdade, já ao final do século XIX, a livre concorrência pregada pelo sistema capitalista já sofria impactos advindos da livre produção. A falta de freios e regulamentação da livre concorrência passou a provocar o desaparecimento de empresas mais fracas, quer pela sua aniquilação pelas forças de mercado, quer pelas junções provocadas pela necessidade de sobrevivência, o que acelerou o processo de acumulação desigual do capital. Este processo leva ao acirramento dos conflitos entre as classes sociais e mesmo no interior destas, resultando na incerteza quanto aos conceitos de público e privado.

promoção de serviços de interesse e necessidade da população dão-lhes um núcleo comum, deste núcleo emergindo a possibilidade de conceituação do Estado de Bem-Estar.

Nas palavras de Morais:

"Ou seja, o *Welfare State* seria aquele Estado no qual o cidadão, independente de sua situação social, tem direito de ser protegido contra dependências de curta ou longa duração. Seria *o estado que garante tipos mínimos de renda, alimentação, saúde, habitação, educação, assegurados a todo o cidadão, não como caridade mas como direito político.*
Há uma garantia cidadã ao bem-estar pela ação positiva do Estado como afiançador da qualidade de vida do indivíduo."[153]

Ou, na dicção de Garcia-Pelayo, que estabelece diferenças entre as denominações aplicadas:

"El concepto de *Welfare State* se refere capitalmente a una dimensión de la política estatal, es decir, a las finalidades de bienestar social; es un concepto mensurable en función de la distribución de las cifras del presupuesto destinadas a los servicios sociales y de otros índices, y los problemas que plantea, tales como sus costos, sus posibles contradiciones y su capacidad de reproducción, pueden también ser medidos cuantitativamente. En cambio, la denominación y el concepto de Estado social incluyen no sólo los aspectos del bienestar, aunque éstos sean uno de sus componentes capitales, sino también los problemas generales del sistema estatal de nuestro tiempo, que en parte pueden ser medidos y en parte simplemente entendidos. En una palabra, el *Welfare State* se refiere a un aspecto de la acción del Estado, no exclusiva de nuestro tiempo – puesto que el Estado de la época del absolutismo

---

[153] Idem, p. 47.

tardio fue también calificado como Estado de bienestar –, mientras que el Estado social se refiere a los aspectos totales de una configuración estatal típica de nuestra época."[154]

Após a Segunda Guerra Mundial, graças ao crescimento das receitas fiscais gerado pelo crescimento da economia, a maior parte dos países capitalistas volta-se para a edificação do *Welfare State*, que atinge o seu grau máximo nos países nórdicos, em especial na Suécia. Na Itália, a partir do primeiro governo de centro-esquerda (1962-1963), é grande o desenvolvimento de leis, instituições e políticas que configuram um verdadeiro Estado Social.[155]

De forma genérica, poder-se-ia dizer que o Estado Social é a busca de uma adaptação do Estado Liberal a condições econômicas e sociais criadas pelas novas estruturas e condições trazidas pela civilização industrial.[156]

Keynes, em 1936, já buscara relacionar Estado e sociedade civil, no raciocínio de que o Estado não se torna proprietário dos meios de produção, mas, isto sim, assume sua responsabilidade no sentido de orientar e controlar o sistema econômico, na busca de um processo

---

[154] GARCIA-PELAYO, Manuel. *Las transformaciones del Estado contemporaneo*. Madrid: Alianza, 2. ed., 1996, p. 14. "O conceito de *Welfare State* se refere capitalmente a uma dimensão da política estatal, ou seja, às finalidades de bem estar social; é um conceito mensurável em função da distribuição das cifras do orçamento destinadas aos serviços sociais e de outros índices, e os problemas que estabelece, tais como seus custos, suas possíveis contradições e sua capacidade de reprodução, podem também ser medidos quantitativamente. De outro lado, a denominação e o conceito de Estado social incluem não só os aspectos do bem estar, ainda que estes sejam um de seus componentes capitais, mas também os problemas gerais do sistema estatal de nosso tempo, que em parte podem ser medidos e em parte simplesmente entendidos. Em uma palavra, o *Welfare State* se refere a um aspecto da ação do Estado, não exclusiva de nosso tempo – posto que o Estado da época do absolutismo tardio foi também qualificado como Estado de bem-estar –, enquanto que o Estado social se refere aos aspectos totais de uma configuração estatal típica de nossa época."(Tradução do autor deste trabalho.)
[155] V. BOBBIO, MATTEUCCI e PASQUINO, op. cit., p.417-418 (verbete Estado do Bem-Estar).
[156] V. STRECK e MORAIS, op. cit., p. 64-65.

constante de atendimento e superação das novas questões emergentes da modificação dos meios de produção e dos critérios para redistribuição de renda – o Estado conduz a economia na busca do bem-estar social.[157] Dallari explica o avanço intervencionista do Estado nos seguintes termos:

"Assumindo amplamente o encargo de assegurar a prestação dos serviços fundamentais a todos os indivíduos, o Estado vai ampliando sua esfera de ação. E a necessidade de controlar os recursos sociais e obter o máximo proveito com o menor desperdício, para fazer face às emergências da guerra, leva a ação estatal a todos os campos da vida social, não havendo mais qualquer área interdita à intervenção do Estado. terminada a guerra, ocorre ainda um avanço maior do intervencionismo, pois inúmeras necessidades novas impõem a iniciativa do Estado em vários setores: na restauração dos meios de produção, na reconstrução das cidades, na readaptação das pessoas à vida social, bem como no financiamento de estudos e projetos, sugeridos pelo desenvolvimento técnico e científico registrado durante a guerra."[158]

A partir do final da década de 60, o Estado Social passa a dar sinais de crise. Enquanto a economia cresce e mantém a arrecadação tributária, o Estado Social pode sofisticar-se, alcançando aos cidadãos as prestações e serviços públicos que dele são esperados, no entanto, a resistência do Estado Social se viu abalada de forma profunda, especialmente pela crise econômica, provocada pela crise do petróleo, no início dos anos 70.[159]

Embora o Estado Social estivesse preparado para uma eventual diminuição da arrecadação tributária,

---
[157] V. ROSANVALLON, op. cit., p. 38-43.
[158] DALLARI, op. cit., p. 280.
[159] V. BOBBIO, MATTEUCCI e PASQUINO, op. cit., p. 418 (verbete Estado do Bem-Estar), também, ROSANVALLON, op. cit., p. 13-17.

uma vez que não estava afastada da sistemática a idéia de poupar em momentos de crescimento e investir com o intuito de manter e recuperar a economia em momentos de dificuldade, a crise econômica foi maior. A defasagem entre receita e despesa se agravou, pois o custo social permaneceu em crescimento, enquanto a economia – em crise – produzindo menos, gerou uma grave queda na arrecadação tributária. O aumento do custo social pode ser explicado, de forma resumida, pelo fato de que as exigências sociais deixaram de ser circunstanciais, passando a ter caráter permanente, até pelo fato de que o desenvolvimento social e tecnológico permitiu uma maior conscientização do povo em relação às suas próprias necessidades e direitos perante o Estado, além de aumentar a longevidade da população, assim como a permanência da crise agravou suas necessidades.[160] Sobre o impasse financeiro a que foi submetido o Estado Social, comenta Rosanvallon: "O que a expressão 'impasse financeiro' designa é de fato o problema do grau de socialização tolerável de um certo número de bens e de serviços."[161]

Não fosse suficiente, o crescimento das relações internacionais, em enormes proporções, estabeleceu-se como a grande característica da economia capitalista nos anos que se seguiram à Segunda Guerra Mundial, surgindo daí novas questões originadas de um fluxo de capitais e mercadorias, em escala mundial crescente.[162]

Para os países mais pobres, essas transformações levaram à superação do estágio autárquico de subsistência em direção a uma economia voltada para a exportação de produtos primários, já para aqueles países do terceiro mundo que haviam atingido a industrialização,

---

[160] Aulas ministradas pelo Prof. Dr. José Luis Bolzan de Morais, na disciplina de Teoria do Estado Contemporâneo, Curso de Mestrado em Direito Público da Faculdade de Direito da Universidade do Vale do Rio dos Sinos – UNISINOS, em São Leopoldo-RS, segundo semestre de 1998.
[161] Op. cit., p. 15.
[162] V. FARIA, José Eduardo. *O direito na economia globalizada*. São Paulo: Malheiros, 1999, p. 57-63.

elas conduziram à diversificação das estruturas econômicas e a presença das empresas multinacionais, de forma massiva, em posições-chave do setor econômico.

Para os Estados Unidos, Japão, Alemanha e outros países considerados líderes mundiais, tais transformações abriram novas possibilidades para as grandes corporações que, liderando amplos setores das indústrias de ponta e das finanças mundiais, aumentaram seus lucros com investimentos realizados no exterior (em muitos casos superando os investimentos e lucros relativos à economia interna).

Esta nova teia de relações econômicas, complexa e internacionalizada, acabou por determinar a expansão das formas de controle estatal relativas aos mercados, ampliando os espaços ocupados pelo Estado, tanto na sociedade, como na produção de serviços e bens.[163]

No final da década de 60, encerra-se a fase de expansão de uma economia baseada num conjunto de tecnologias (siderurgia, eletrônica, química e petroquímica), numa fonte de energia abundante e barata e num determinado arranjo institucional em torno do padrão-dólar. Esta virada do ciclo anuncia a fase de declínio em que mergulha a economia mundial desde o princípio da década de 70.[164]

Neste contexto, o modelo de desenvolvimento que se instaurara baseado na produção em massa de novos bens de consumo, cujo consumo é maciço, conseqüência de uma regulação salarial concatenada com a produtividade crescente do trabalho, situação onde o Estado Social é muito importante, quer como mantenedor dos investimentos em infra-estrutura, quer na posição de regulador social, perde estabilidade.

Passado o tempo, o clima de relações "fraternais" que caracterizou o período que se seguiu à Segunda

---

[163] Muitos governos aderiram às teses de KEYNES, declarando, oficialmente, ser o objetivo do planejamento econômico estatal a realização e manutenção do pleno emprego.
[164] V. SARMENTO, op. cit., p. 57.

Guerra Mundial, foi sendo substituído pelo acirramento da concorrência e da competitividade. As antigas alianças entre trabalhadores, agricultores e comerciantes etc. não resistiram às desconfianças de que os custos diretos e indiretos com a mão-de-obra poderiam comprometer a competitividade. Outra via fora tomada: a via da lucratividade. Ante esta situação, os trabalhadores passaram à defensiva, buscando defender as posições conquistadas, no que diz respeito a salários, previdência social e trabalho.[165]

Por força destas circunstâncias, a economia, especialmente no que diz com países do primeiro mundo, passou a oscilar entre o extremo do mercado e, de outro lado, a intervenção estatal. Neste espaço, entre um pólo e outro, estabeleceram-se uma infinidade de políticas determinadas pelas peculiaridades próprias de cada país.

A Suécia, embora sofrendo o impacto de todas estas transformações, continuou a intervir, mais que os outros países, na defesa do mercado de trabalho, sem, no entanto, ignorar o mercado internacional, favorecendo a participação dos trabalhadores em processos de adaptação levados a efeito.

Se é verdade que na Europa os sistemas de proteção social e ao trabalho mantiveram-se mais desenvolvidos que na América do Norte, não se pode desconhecer que os Estados Unidos, no mandato de Reagan foram usados mais incentivos fiscais como forma de combater a recessão e estimular a retomada de investimentos.

Vários fatores explicam as mudanças operadas a partir da década de 70, que produziram a crise na qual

---

[165] Impossibilitados de lutarem por políticas mais consentâneas aos seus interesses, acabam aderindo ao sistema neoliberal. Os socialistas franceses, sob Miterrand, mudaram os rumos da estratégia de nacionalização, eqüidade social e estímulos fiscais, substituindo-a por uma orientação de austeridade e retorno ao mercado. Pressões parecidas se abateram sobre os socialistas suecos e contribuíram para a fragmentação dos trabalhistas ingleses, democratas americanos e sociais-democratas alemães.

mergulhou o Estado Social: inflação mundial, enorme aumento dos preços da energia, recessão prolongada, acirramento da competitividade e concorrência no comércio internacional, volatilidade do capital no mercado internacional, disparada das taxas de juros, aumento das dívidas internas e externas dos Estados Nacionais, etc.

A crise profunda diminuiu a capacidade do Estado para responder à crescente demanda social, estando este mais fragilizado exatamente quando mais requisitada a sua participação e capacidade.

Ou seja, o Estado Social viu-se diante de um impasse financeiro. As demandas da população não só se mantiveram como aumentaram e cresceram em sofisticação, o ritmo de crescimento das despesas públicas vinculadas a políticas sociais é muito mais veloz que o da produção nacional, razão pela qual aumentam os descontos obrigatórios – impostos e contribuições sociais.

Rosanvallon explica a situação (especificamente quanto à França):

"As razões deste distanciamento entre crescimento econômico/crescimento social são fáceis de compreender. Ele é diretamente provocado pela crise e pela estagnação do crescimento que dela resultou a partir de 1974: a produção diminuiu bruscamente enquanto as despesas sociais continuavam a aumentar 'normalmente' (isto é, ao ritmo anterior), por um lado, e se aceleravam, por outro, em virtude justamente da crise econômica (cf. por exemplo as despesas com seguro-desemprego). Alguns números traduzem claramente esta situação. De 1970 a 1990, os descontos obrigatórios passaram de 35% a 45% do produto interno bruto (PIB). para fornecer um ponto de referência, de 1959 a 1970, estes descontos tinham evoluído quase ao mesmo ritmo que o crescimento econômico, então vigoroso: representavam 32,8% do PIB, em 1959.

Note-se que são as cotizações sociais que explicam, no essencial, este crescimento relativo. Elas representavam 9,7% do PIB em 1959, 12,7% em 1970 e 20% em 1990, enquanto a pressão fiscal permanecia quase estável no período (23,1% do PIB em 1959, 23,3% em 1970, 25% em 1990)."[166]

Nestas circunstâncias, estabeleceu-se um quadro favorável à penetração da proposta neoliberal já presente como uma crítica ao Estado Social desde o pós-guerra.

A proposta neoliberal ofereceu uma solução para a crise que o Estado Social não conseguia superar. No entanto, para o êxito dessa proposta, era imperativo criar condições para uma maior acumulação e expansão do capital, com a posterior criação de riquezas e empregos.

Para atingir essas condições o neoliberalismo prega a necessidade de diminuição do tamanho do Estado, com processos de privatização, permitindo que o setor privado pudesse atuar naqueles setores onde o Estado era concorrente ou único ator, pois com a diminuição do Estado, inclusive nas suas prestações sociais fundamentais, é possível a diminuição ou eliminação dos tributos do capital, deixando que a classe assalariada arque com o que subsiste dos serviços públicos.

Além disso, para êxito da proposta neoliberal é conveniente o enfraquecimento dos sindicatos para que não haja pressão eficiente sobre o valor do trabalho ameaçando os lucros crescentes, com o enfraquecimento dos sindicatos, a diminuição dos salários em determinada área de produção (os salários perdem seu valor real com uma inflação controlada, que permita a sua diminuição sem afetar o setor produtivo – em outras palavras, inflação existente mas sob controle), por igual, com o enfraquecimento dos sindicatos, tem-se a diminuição

---
[166] ROSANVALLON, Pierre. *A crise do Estado-providência*. Trad. Joel P. de Ulhôa. Goiânia: UFG e Brasília: UnB. 1997, p. 13-14.

dos direitos sociais especialmente os direitos constitucionais do trabalhador, o que significa um verdadeiro retrocesso na evolução do Estado.

A proposta neoliberal, ao ser apresentada, como referida, não bastasse as condições de crise do Estado Social que a oportunizaram, encontrou o cenário econômico mundial em uma situação de extrema disparidade entre os países do chamado primeiro mundo e os demais.

Nos países em desenvolvimento e subdesenvolvidos – economias periféricas, onde o Estado Social é muito mais frágil, quando existente, as condições antes referidas, que permitiriam a execução da proposta neoliberal, implementam-se com maior velocidade e profundidade, surgindo um novo e importante elemento neste processo: o capital globalizado começa a se deslocar com enorme facilidade à procura de Estados que lhe ofereçam melhores condições para expansão dos seus lucros.

Com a globalização, os grandes capitais tornaram-se apátridas, completamente descompromissados com o Estado Nacional, o qual, mais e mais, perde o controle sobre a sua própria economia e o poder do capital privado. Isto faz com que os investimentos sejam transferidos, principalmente da Europa – base ideológica de sustentação do Estado de Bem-Estar Social – onde o Estado, por exigência de uma população informada e organizada, é ainda grande e caro, para o terceiro mundo.

Este é, sem dúvida, um grave golpe contra o Estado Social, pois, não podendo ignorar a globalização da economia e a crescente perda de investimentos em função da manutenção do próprio aparelho estatal, os governos europeus conservadores e mesmo os de tendência social-democrata podem ser levados a se sujeitar às condições exigidas pelas condições de mercado e pelo capital.

Embora seja verdade que os europeus tenham manifestado sua inconformidade com o neoliberalismo,[167] ao elegerem socialistas e trabalhistas para seus governos, em grande parte dos Estados, restam dúvidas quanto à possibilidade de construir uma alternativa econômica que possibilite a manutenção da segurança social com crescimento econômico e geração de emprego.

Na falta dessa alternativa, considerando a crise do Estado Social e democrático, a recusa à solução socialista, o fim do liberalismo clássico e a não aceitação da proposta neoliberal, ganha força o neofascismo – força parlamentar de expressão, já agora, na Noruega e na Áustria, ganhando espaço também na Alemanha, França e na Europa central e oriental.[168]

Está, pois, o Estado Social diante de uma situação nova, de vez que as questões opostas à sua manutenção tomaram proporções tais que parece haver chegado o seu fim, pois a globalização e o neoliberalismo forçam mudanças conceituais que só fazem abalar a idéia de um Estado que possa atender ao cidadão e realizá-lo como tal. Conforme alerta Sarmento, "a globalização corrói os pilares do *Welfare State*, na medida em que reduz drasticamente o poder do Estado de implementar as políticas públicas necessárias à garantia dos direitos de 2ª geração".[169] Entretanto, o que é certo é que o Estado Social propiciou, ao menos durante algum tempo e em certos países, a condição de vida que por todos é almejada.

---

[167] O princípio fundamental desse sistema de mercado é a livre concorrência: cada um deve defender os seus interesses pessoais contra os interesses dos outros (o egoísmo) para haver ótimo funcionamento do sistema. Conseqüentemente, a solução dos problemas sociais estaria no fomento do egoísmo. O mercado é apresentado como um ente supra-humano capaz deste milagre de transformar o egoísmo no 'bem comum'. Os economistas neoliberais falam da necessidade de se ter fé (crença) no mercado. A atual consciência social, insensível diante dos sofrimentos dos excluídos do mercado, revela a vitória desta nova 'espiritualidade': amar ao próximo e defender os interesses pessoais contra outros integrados do mercado e, sobretudo, contra a 'violência' dos excluídos do mercado.
[168] Para detalhamento, vide GALBRAITH, John Kenneth. *A Sociedade Justa – uma perspectiva humana*. Rio de Janeiro: Campus, 1996.
[169] SARMENTO, op. cit., p. 64.

Apesar do que se disse, há quem creia que o Estado de Bem-Estar não esgotou seu potencial, embora seja evidente que necessária se faz uma adequação, uma transformação, para que possa atender às novas realidades surgidas.

Nas palavras de Calera:

"... creo que las potencialidades del Estado social y de bienestar no están agotadas. (...) El capitalismo desarrollado no puede vivi sin el Estado social y, al mismo tiempo, no puede hacerlo com él. 'El Estado social, en su desarrollo, há entrado en un callejón sin salida. En él se agotan las energias de la utopia de la sociedad del trabajo'. El reto ahora, concluye Habermas, es buscar un equilibrio entre los tres recursos de las sociedades modernas, esto es, el dinero, el poder y la solidaridad. Pienso que ese equilibrio es possible dentro del Estado social y de bienestar com tal de que, entre otras cosas, se profundice en la democratización de los aparatos del Estado y en los niveles efectivos de participación social en dichos aparatos."[170]

Por fim, ainda na esteira do pensamento de Calera,[171] não se pode olvidar que, de acordo com a experiência das últimas quatro décadas, o Estado de Bem-estar promoveu o progresso da justiça e da igualdade social, podendo-se afirmar que é este o modelo de Estado que menos favorece ao capitalismo, ainda que a este também

---

[170] Op. cit., p. 25-26.
"... creio que as potencialidades do Estado social e de bem-estar não estão esgotadas. (...) O capitalismo desenvolvido não pode viver sem o Estado social e de bem-estar e, ao mesmo tempo, não pode fazê-lo com ele. 'O Estado social, em seu desenvolvimento, entrou em um beco sem saída. Nele se esgotam as energias da utopia da sociedade do trabalho'. O desafio agora, conclui Habermas, é buscar um equilíbrio entre os três recursos das sociedades modernas, isto é, o dinheiro, o poder e a solidariedade. Penso que esse equilíbrio é possível dentro do Estado social e de bem-estar contanto que, entre outras coisas, aprofunde-se na democratização dos aparatos do Estado nos níveis de participação desses aparatos." (Tradução do autor deste trabalho.)
[171] Op. cit., p. 23-24.

tenha, em determinados momentos, favorecido. Ou seja, o Estado de Bem-estar é conceitualmente bom, embora não se possa negar que, por vezes, tenha caído, e ainda caia, em contradições graves.

3. Novos contextos e alternativas

3.1. Considerações iniciais

O final do século XX trouxe consigo uma nova configuração de relações mundiais, tanto no plano econômico, como de relacionamento, que modificou por completo os contextos onde inserido o Estado e, conseqüentemente, os modelos adotados. Diante dessas novas realidades, por igual, não faltaram alternativas de modelos, propostas no interesse de atender a estas novas perspectivas.

Na seqüência, consideraremos estes novos contextos, materializados no neoliberalismo e na globalização, que têm acarretado a debilitação do Estado-nação, retirando-lhe competências tradicionais e tornando-o mais vulnerável às corporações econômicas transnacionais,[172] bem como as alternativas recentes, de transformações do Estado: a terceira via e o garantismo jurídico.

3.2. O neoliberalismo

Por diversas vezes, tem-se referido o neoliberalismo, suas influências, efeitos, etc., em relação ao Estado, especialmente como fator determinante para o futuro deste. Diante disso, faz-se necessário aprofundar o

---
[172] V. OLEA, Víctor Flores e FLORES, Abelardo Mariña. *Crítica de la globalidad: dominación y liberación en nuestro tiempo.* México: Fondo de Cultura Económica, 1999, p. 265-267.

tema, por se tratar de contexto – eminentemente econômico, não se desconhece – que leva a transformações do Estado, de sua base teórica e de seus fundamentos.

Em primeiro lugar, cumpre ter presente que o neoliberalismo não se confunde, simplesmente, com o liberalismo clássico do século passado. Ele nasce, formalmente, após a Segunda Guerra Mundial, na Europa e na América do Norte, como reação teórica e política contra o intervencionismo estatal e o Estado de Bem-Estar, tendo como texto de origem *O Caminho da Servidão*, escrito ainda em 1944, por Friedrich Von Hayek, um ataque a qualquer limitação dos mecanismos de mercado por parte do Estado, encaradas como ameaça à liberdade econômica e política,[173] bem como a afirmação da liberdade do indivíduo, a soberania das preferências e gostos individuais. Conforme Hayek, as características essenciais do individualismo são o respeito pelo homem individual na sua qualidade de homem, isto é, a aceitação de seus gostos e opiniões, supremos na sua esfera.[174]

Ao mesmo tempo em que o Estado Social se constituía, efetivamente, no ano de 1947, Hayek funda a Sociedade de Mont Pèlerin,[175] juntamente com Milton Friedman, Karl Popper, Lionel Robbins, Ludwig Von Mises, Walter Eupken, Walter Lipman, Michael Polany e Salvador de Madariaga, entre outros, cujo objetivo era o combate ao keynesianismo e o solidarismo reinantes,

---

[173] HAYEK tinha um alvo imediato, o Partido Trabalhista inglês, ante a proximidade das eleições gerais de 1945. "(...), em 1944, foi a vez de von Hayek disparar o seu petardo: *The Roots of Serfdom* (O Caminho da Servidão), considerado como o pilar do neoliberalismo. Naquele momento difundia-se a plataforma dos trabalhistas ingleses, influenciada pelo Relatório Benveridge, de 1942, considerado o verdadeiro marco das políticas sociais do após-guerra. O *Labour* insistia, em caso de vitória eleitoral, numa estatização parcial da economia, seguida da distribuição de renda e de maciços investimentos em educação e saúde pública, sem que fossem alteradas as bases gerais da sociedade democrática." (SCHILLING, Voltaire. *O conflito das idéias*. Porto Alegre: AGE. 1999, p. 153).
[174] V. CARCANHOLO, Marcelo Dias. Globalização e neoliberalismo: os mitos de uma (pretensa) nova sociedade. In *A quem pertence o amanhã? Ensaios sobre o neoliberalismo*. São Paulo: Loyola. 1997, p. 202.
[175] Nome da localidade onde se realizou a reunião convocada por HAYEK.

bem como preparar as bases para um novo capitalismo para o futuro, mais duro e livre de regras.

Os membros da Sociedade defendiam a posição de que o novo igualitarismo, sustentado e promovido pelo Estado Social, terminava com a liberdade do cidadão e com a concorrência, fenômenos necessários para conduzir a sociedade à prosperidade.[176] Com a grande crise econômica do início da década de 70, quando uma grande e longa recessão se abateu sobre o mundo capitalista, as idéias neoliberais passaram a ganhar, verdadeiramente, espaço. Para os pensadores neoliberais, a raiz da crise estava no poder excessivo concedido aos sindicatos, que, por suas ações reivindicatórias, acabaram corroendo as bases de acumulação capitalista, na medida em que o Estado aumentava cada vez mais seus gastos sociais.[177]

A solução proposta para a crise implicava a manutenção da força do Estado, mas no que diz respeito com sua capacidade de romper o poder sindical e controlar as receitas públicas, com mínimos gastos sociais e comedido nas intervenções na vida econômica. A busca da estabilidade monetária passa a ser a meta governamental, fazendo-se necessária uma rigorosa disciplina orçamentária, contendo-se gastos com o bem-estar social e dando-se espaço a uma taxa de desemprego que permita enfraquecer as entidades sindicais.

A proposta implicava, também, propiciar incentivos fiscais de modo a restabelecer uma desigualdade que permitiria dinamizar as economias, estagnadas à época, retomando-se o crescimento.

[176] Hayek, em *The Road of Serfdom*, levanta dúvidas sobre a possibilidade de poder-se administrar os direitos de previdência social, a não ser de maneira arbitrária, considerando que qualquer política dirigida diretamente a um ideal substantivo de justiça distributiva necessariamente levaria à destruição do Estado de Direito. (V. BARACHO, José Alfredo de Oliveira. *Teoria geral do federalismo*. Rio de Janeiro: Forense. 1986, p. 245).

[177] "Quanto ao neoliberalismo, ressuscitado depois da crise do petróleo de 1973 e da onda inflacionária que se seguiu, como um fóssil alpino descongelado, passou desde então a ser cultuado como um sagrado totem ideológico pela maioria dos governos. Apesar de mais e mais fazer jus à afirmação do próprio Popper dele ser 'destruidor', ..." (SCHILLING, op. cit., p. 154).

Bobbio explica o que é o neoliberalismo nos seguintes termos:

"Por neoliberalismo se entende hoje, principalmente, uma doutrina econômica conseqüente, da qual o liberalismo político é apenas um modo de realização, nem sempre necessário; ou em outros termos, uma defesa intransigente da liberdade econômica, da qual a liberdade política é apenas um corolário. Ninguém melhor do que um dos notáveis inspiradores do atual movimento em favor do desmantelamento do Estado de serviços, o economista Friedrich von Hayek, insistiu sobre a indissolubilidade de liberdade econômica e de liberdade sem quaisquer outros adjetivos, reafirmando assim a necessidade de distinguir claramente o liberalismo, que tem seu ponto de partida numa teoria econômica, da democracia, que é uma teoria política, e atribuindo à liberdade individual (da qual a liberdade econômica seria a primeira condição) um valor intrínseco e à democracia unicamente um valor instrumental. Hayek admite que, nas lutas passadas contra o poder absoluto, liberalismo e democracia puderam proceder no mesmo passo e confundir-se um na outra. Mas agora tal confusão não deveria mais ser possível, pois acabamos por nos dar conta – sobretudo observando a que conseqüências não-liberais pode conduzir, e de fato conduziu, o processo de democratização – de que liberalismo e democracia respondem a problemas diversos: o liberalismo ao problema das funções do governo e em particular à limitação de seus poderes; a democracia ao problema de quem deve governar e com quais procedimentos."[178]

Ao final da década de 70 é que surge a oportunidade de aplicação destas propostas: em 1979, foi eleito o

---

[178] BOBBIO, Norberto. *Liberalismo e Democracia*. São Paulo: Brasiliense. 6.ed., 1997, p. 87-88.

governo Thatcher, comprometido com aquelas idéias; um ano após, Reagan chega à presidência dos Estados Unidos; em 1982, Khol derrota o regime social liberal; no ano seguinte, a Dinamarca, modelo de Estado de Bem-Estar, passa ao controle do governo Schluter, fruto de uma coalizão de direita, entre outros.[179] Embora não se possa negar que o neoliberalismo também chegou ao governo norte-americano, é necessário lembrar que a corrida armamentista na qual se lançou Reagan não guardou respeito pela disciplina orçamentária,[180] mas também não se ignora que os Estados Unidos, tendo em vista seu peso na economia mundial, podiam dar-se ao luxo de suportar o déficit acarretado por esta situação sem que, com isto, abandonassem o neoliberalismo.

De outro lado, neste período, os governos de direita da Europa Continental adotaram um neoliberalismo menos extremado que os ingleses e americanos, caracterizando-se por uma menor intensidade no que diz respeito a cortes de gastos sociais e enfrentamento com as forças sindicais.

Mesmo a eleição de governos mais à esquerda – euro-socialistas,[181] por exemplo – não teve o condão de reverter a situação, pois já em 1982 e 1983 o governo socialista francês se viu forçado pelo mercado internacional a reorientar-se num sentido muito próximo à ortodoxia neoliberal, assim como em outros países, onde os governos trabalhistas passaram a adotar o modelo

---

[179] Some-se a isso que, em 1978, ocorre a intervenção militar soviética no Afeganistão, retomando-se a guerra fria, sendo que as idéias neoliberais nunca dispensaram o anticomunismo, o que fortaleceu, naquele momento, ainda mais, o poder atrativo neoliberal.
[180] "... a dívida pública quintuplicou sob o regime de Ronald Reagan e George Bush." (CHOSSUDOVSKY, Michel. "Sob o domínio da dívida". In *A quem pertence o amanhã? Ensaios sobre o neoliberalismo*. São Paulo: Loyola, 1997, p. 60).
[181] Miterrand (França), González (Espanha), Soares (Portugal), Craxi (Itália) e Papandreou (Grécia).

neoliberal,[182] o que consolidou o neoliberalismo como ideologia.

O que não se pode negar é que o neoliberalismo alcançou seus objetivos, ao menos nos anos 80, pois a deflação foi alcançada,[183] com esta houve recuperação de lucros,[184] os sindicatos se viram contidos ante o crescimento da taxa de desemprego,[185] bem como o grau de desigualdade econômica restou acentuado.[186] Entretanto, apesar de reconhecidas as vitórias pontuais do neoliberalismo, como exposto, seu fim histórico – a revitalização do capitalismo mundial, à semelhança da situação anterior à crise econômica dos anos 70 – não restou alcançado. Na verdade, os países da OCDE apresentaram taxas muito baixas de crescimento.

Ocorre que o próprio sistema neoliberal, combinado com a globalização da economia, não permitiu que a recuperação dos lucros se transformasse em recuperação dos investimentos, pois a total desregulamentação financeira e a mundialização (leia-se volatilidade do capital) criou uma cultura econômica tendente à inversão especulativa em detrimento dos investimentos produtivos.

Não fosse suficiente, o "peso" do Estado, que tanto incomoda os pensadores neoliberais, não diminuiu como esperado, notadamente pelo fato de que os gastos sociais com desemprego e previdência (aumento demo-

---

[182] Talvez o melhor exemplo desta situação seja a Nova Zelândia, onde o desmonte do Estado de Bem-Estar se deu de forma mais completa e violenta do que na própria Inglaterra.
[183] A taxa de inflação caiu de 8,8% para 5,2%, entre os anos 70 e 80 (v. CARCANHOLO, Marcelo Dias. "Globalização e neoliberalismo: os mitos de uma (pretensa) nova sociedade", in *A quem pertence o amanhã? Ensaios sobre o neoliberalismo*. São Paulo: Loyola, 1997, p. 204).
[184] Nos anos 70, o lucro das indústrias dos países da Organização Européia para o Comércio e Desenvolvimento (OCDE) caiu 4,2%, ao passo que nos anos 80 aumentou 4,7%. (v. CARCANHOLO, idem)
[185] Na década de 80, a taxa média de desemprego nos países da OCDE quadruplicou (v. CARCANHOLO, idem).
[186] Houve um aumento de 28% no número absoluto da população mundial pobre e uma prosperidade dos ricos que só faz aumentar a distância entre ambos.

gráfico dos aposentados) não foram reduzidos e, ao contrário, sofreram sensível aumento.

Há que se considerar, ainda, que as propostas neoliberais, com seus conceitos de concorrência capitalista extremada, acabam gerando uma perniciosa competição até mesmo no âmbito interno do Estado, como se pode observar no Brasil, no que diz respeito à chamada Guerra Fiscal entre os estados-federados.

Na análise de Scaff:

"Logo, a política neoliberal de incentivo à concorrência entre os Estados Membros (e entre as Nações) é extremamente perniciosa para a sociedade, pois, de uma forma, as gerações futuras ficarão comprometidas em detrimento das atuais; de outra forma, haverá o privilegiamento oposto. Além disso, o mercado não é bom condutor de políticas públicas, que não se regulam pelo lucro, mas pela redução das desigualdades, sejam econômicas, sociais, culturais, etc. O ajuste fino entre estas duas situações extremas é muito difícil, senão impossível.

A tendência é o estiolamento das finanças públicas após determinado período, seja atual (para aqueles que optarem pela indiscriminada concessão de benefícios) seja futuro (para os que ora não seguirem a regra majoritária de mercado). Ou ainda, entre estas duas situações, na pendência do prazo dos benefícios concedidos e do aumento das necessidades públicas geradas."[187]

O que se tem é que, de fato, a globalização possibilitou que o neoliberalismo lançasse seus tentáculos sobre o mundo inteiro, modificando, de forma radical, os supostos da própria convivência mundial.

Consoante expõe Zermeño:

---
[187] SCAFF, Fernando Facury. "Guerra Fiscal, Neoliberalismo e Democracia", in *Revista do Direito*, Depto. de Direito. N. 11. Santa Cruz do Sul: UNISC. jan./jun. 1999, p. 138.

"Com efeito, na última década parece ter-se imposto uma visão do futuro dominada, sem contrapesos, pela iminência das economias abertas à competição internacional nas exportações e nas importações, pelo fim da atividade estatal na produção material, nos serviços e nos gastos sociais e pela renovada esperança na capacidade empreendedora da iniciativa privada, incluídos nessa denominação os indivíduos imersos na informalidade da oficina clandestina e do comércio ambulante."[188]

Inafastável, pois, que o neoliberalismo é uma reação de cunho capitalista, voltada para a acumulação de riqueza e frontalmente contrária à manutenção do Estado e seus modelos como até hoje os conhecemos.

Schilling analisa a questão nos seguintes termos:

"Para o neoliberalismo é preciso restaurar os tempos de insegurança das épocas pré-previdenciárias, para tornar os homens novamente vítimas do acaso e das oscilações econômicas. Ameaçá-los, inclusive na velhice. Reeducá-los para o trabalho intensivo e manter baixos seus rendimentos através de um regulador exército permanente de desempregados, sempre pronto a substituir os desmotivados ou os grevistas. Sua política social consiste em desmoralizar qualquer espírito de solidariedade e tornar a igualdade uma quimera. Atacar os sindicatos, desmontar-lhes a capacidade de agregação e luta, para que a concentração de riquezas acelere e as taxas históricas de acumulação voltem ao patamar primitivo, aos bons tempos dos barões ladrões. Quer um estado mínimo, sem regulamentos, que contemporize e se confraternize com os ricos, e seja duro e sovina para com os pobres."[189]

---

[188] ZERMEÑO, Sergio. "O Estado neoliberal e o esvaziamento do espaço público." In A quem pertence o amanhã? Ensaios sobre o neoliberalismo. São Paulo: Loyola, 1997, p. 155.
[189] Op. cit., p. 156-157.

Ante tudo, resta evidenciado o caráter antidemocrático e gerador de desigualdades econômicas e sociais que o neoliberalismo traz consigo,[190] o que permite afirmar ser este uma ideologia nociva ao cidadão.

3.3. A Globalização

Embora o tema já tenha sido apreciado anteriormente, a latere é verdade, quando se tratou da crise do Estado Social, a fim de se chegar a uma alternativa para o Estado contemporâneo frente a essa realidade, necessário se faz aprofundar seu exame.

Poder-se-ia conceituar globalização como um processo social que atua no sentido de uma mudança na estrutura política e econômica das sociedades, ocorrendo em ondas, com avanços e retrocessos separados por intervalos que podem durar séculos, fenômeno que abrange a totalidade do globo terrestre.

Diante do exposto, historicamente, é possível afirmar que este fenômeno ocorreu, pelo menos, por quatro vezes: durante o Império Romano (através da força buscava-se formação do grande império "global"); à época das Grandes Descobertas (séculos XIV e XV, quando desvendaram-se novos continentes e foi aberto o caminho para Índia e China); no século XIX (logo após as Guerras Napoleônicas quando ocorreu a colonização européia da África e da Ásia e foi firmado o tratado de livre comércio entre França e Inglaterra); e após a

---

[190] "La desregulación de los mercados, por ejemplo, lejos de impulsionar una mayor competencia tiende a promover e a consolidar formas monopolísticas y oligopolísticas en detrimento de la 'libre competencia'. Así, lejos de 'democratizar' los mercados impulsa la concentración del poder económico." (OLEA e FLORES, op. cit. p. 277) ("A desregulamentação dos mercados, por exemplo, longe de impulsionar uma maior concorrência, tende a promover e consolidar formas monopolísticas e oligopolísticas em detrimento da 'livre concorrência'. Assim, longe de 'democratizar' os mercados, impulsiona a concentração do poder econômico." Tradução do autor deste trabalho.)

Segunda Guerra atingindo seu ápice com o colapso do socialismo.[191] O papel do Estado diante da nova realidade mundial é um dos aspectos mais discutidos da globalização, no seu ângulo mais político, com alguns estudiosos já profetizando o fim ou a inutilidade do Estado. Imprescindível, no entanto, antes de tudo, situar, de maneira mais precisa, o que seja a globalização. Conforme Gómez:

"Já a palavra globalização tem uma história breve e vertiginosa. Embora tenha sido 'inventada' em 1944 por dois autores – Reiser e Davies – que previam uma 'síntese planetária de culturas' em um 'humanismo global' (Scholte 1996), talvez suas raízes imediatas remontem aos anos 60, quando conheceu uma utilização marginal em certos círculos acadêmicos e teve uma ampla repercussão a metáfora de McLuhan sobre a configuração de uma 'aldeia global' possibilitada pelas novas tecnologias de informação e comunicação. Mas a expressão propriamente dita, no sentido econômico que hoje prevalece, surge no início dos anos 80 em reconhecidas escolas americanas de administração de empresas, populariza-se através das obras de notórios consultores de estratégia e *marketing* internacional, difunde-se através da imprensa econômica e financeira especializada e, rapidamente, é assimilada pelo discurso hegemônico neoliberal (Chesnais 1996). A origem das visões mais apologéticas a que o termo 'globalização' dá lugar vincula-se, organi-

---

[191] LÚCIO FLÁVIO DE ALMEIDA, à sua vez, afirma: "Em seu desenvolvimento, o capitalismo tem passado por vários processos de *globalização*, cada um deles dotado de características específicas, que merecem ser estudadas detalhadamente. Como exemplo, a virada do século XIX para o século XX foi assinalada por um processo de expansão capitalista que, mais do que reduzir a aspectos meramente quantitativos, implicou numa série de profundas mudanças no conjunto de relações sociais." ("O Estado em questão: reordenamento do poder", in *Globalização, Metropolização e Políticas Neoliberais*. São Paulo: EDUC, 1997, p. 111.).

camente às grandes corporações multinacionais originárias dos três centros do capitalismo mundial (Estados Unidos, Europa Ocidental e Japão). Nelas afirma-se que a constituição da economia mundial sem fronteiras, juntamente com a capacidade de comunicação e controle em tempo real que as inovações tecnológicas permitem, abrem às grandes firmas mais internacionalizadas a possibilidade de obterem altas taxas de lucro através da globalização dos mercados e, sobretudo, da integração global do conjunto da cadeia de criação de valor (pesquisa e desenvolvimento, produção, serviços, financiamento dos investimentos, recrutamento de pessoal, etc.), na condição de que as mesmas procedam a uma drástica reformulação das formas de gestão e da atuação estratégica em escala planetária (Andreff 1996)."[192]

Para Ferrandérry, a globalização é um conceito que apareceu no meio dos anos 80 nas escolas de negócios norte-americanas e na imprensa anglo-saxã. A expressão designaria um movimento complexo de abertura de fronteiras econômicas e de desregulamentação, que permite às atividades econômicas capitalistas estenderem seu campo de ação ao conjunto do planeta.[193]

O surgimento de instrumentos de telecomunicação extremamente eficientes permitiu a viabilidade deste conceito, reduzindo as distâncias a nada.[194] O fim do bloco soviético e o aparente triunfo do modelo neoliberal parecem dar a esta noção uma validade histórica.

Na França, foi escolhido o nome "mundialização" para substituir globalização, que insiste, particularmen-

---
[192] Op. cit. p. 18-19.
[193] FERRANDÉRRY, Jean Luc. *Le point sur la mondialisation.* Paris: Presses Universitaires de France-PUF.1996, p. 3.
[194] "A globalização das comunicações é positiva, graças às trocas e aos contatos culturais por ela permitidos, e por ela dar origem, em nível mundial, a uma conscientização do sofrimento e dos problemas humanos." (Entrevista concedida por OSWALDO RIVERO, Correio da Unesco, set/out 1999, p. 65).

te, sobre a dimensão geográfica e tentacular, sem esquecer o sentido original.

O processo de globalização decorre, a toda evidência, da maior concentração de renda já existente na história da humanidade, o que implica na exclusão e marginalização total dos países que não tiverem condições de fazer parte deste processo, do que decorre a dependência mundial em relação às empresas transnacionais e aos operadores do sistema financeiro, bem como o aumento gritante do índice de empobrecimento e o maior controle mundial por parte dos detentores do capital internacional.

A globalização altera por completo o entendimento que se tinha, anteriormente, quanto à economia mundial, trata-se de uma ruptura em relação às etapas precedentes da economia.

Até o advento da globalização, entendia-se a economia como internacional, pois seu desenvolvimento era determinado pelo inter-relacionamento negocial entre Estados-nação.

A propósito, ainda, outra lição de Gómez:

"Diante do quadro atual, em que o capitalismo globalizado só parece compatível com uma democracia política debilitada, limitada e de traços elitistas cada vez mais acentuados, uma questão urgente e essencial consiste em saber se ainda é possível reconciliar um efetivo governo democrático de base nacional com a escala global e transnacional das organizações econômicas e sociais contemporâneas. Ainda mais quando se conhecem não só as restrições de 'cima para baixo' que enfraquecem a democracia, mas também as novas energias e práticas de democratização 'de baixo para cima' que transcendem as fronteiras nacionais, movidas por imperativos globalizantes explícitos. Não surpreende, portanto, que nos últimos anos tenha se desenvolvido um intenso debate, cruzando a teoria da democracia e a teoria das relações internacionais, sobre as transformações e a ressignificação da democracia sob as condições da globalização *lato sensu*. O ponto de partida, e certamente um dos eixos centrais das controvérsias, é o caráter crescentemente problemático da associação exclusiva da democracia e da cidadania com Estado-nação."[195]

O Estado como forma política se constituiu e se consolidou sobre quatro princípios normativos centrais: territorialidade, soberania, autonomia e legalidade.[196] A globalização traz consigo uma nova ordem de princípios, o que se vê no novo sistema é uma economia global, onde as economias nacionais adquirem capacidade e importância somente quando inseridas num contexto de macroarticulação internacional (afasta-se a territorialidade, em nome do global; a soberania, a autonomia e a legalidade são postas em plano secundário, uma vez que o mercado globalizado é que irá regular as ações dos Estados e fará a "lei" das relações).

Nesta nova realidade, à vista da necessidade de inserção nesse cenário macroeconômico internacional, dominado pelo grande capital, os governos nacionais perdem toda a capacidade de influenciar as evoluções econômicas nacionais, bem como de controlar a situação social daí decorrente.[197]

---
[195] Op. cit. p. 44-45.
[196] Op. cit. p. 45.
[197] ALTVATER, explana a situação posta nos seguintes termos: "Um dos desafios mais recentes e mais extremos é o da globalização. O sistema de coordenadas no qual se desenvolve o trabalho técnico está mudando. Nas fronteiras nacionais do keynesianismo, aparentemente sempre houve uma peça central do modelo econômico. Uma das 'crenças centrais' desse paradigma era a confiança na capacidade dos Estados nacionais influenciarem os parâmetros do desenvolvimento econômico, particularmente da taxa de juros. (...) No que diz respeito à globalização, justifica-se falar de crise do paradigma keynesiano. (...) Nas condições de globalização econômica, torna-se difuso o espaço político dentro do qual as deliberações e os procedimentos democráticos podem ser levados a cabo e a governabilidade pode ser assegurada. Esta é a razão da crise do paradigma keynesiano." (ALTVATER, Elmar. Os desafios da globalização e da crise ecológica. In *A Crise dos paradigmas em ciências sociais e os desafios para o século XXI*, Rio de Janeiro: Contraponto, 1999, p. 112-113).

Esta realidade é reconhecida por Martin e Schumann, os quais chegam a apontar como acuados pela globalização chefes de governo de países importantes, in verbis:

"Acuados, desde então muitos chefes de governo buscam refúgio na retórica do protesto. Em abril de 1995, o primeiro-ministro britânico, John Major, reclamou ser inadmissível que as manobras dos mercados financeiros 'ocorram com tamanha velocidade e numa ordem de grandeza que os colocam totalmente fora do controle de governos e instituições internacionais'. O ex-primeiro ministro da Itália Lamberto Dini, ele próprio ex-presidente do banco central de seu país, apoiou Major: 'Não devia ser permitido aos mercados minarem toda a política econômica de um país'. Ao presidente da França, Jacques Chirac, todo o setor financeiro parece reprovável; sem rodeios, chamou sua casta de especuladores de 'Aids da economia mundial'."[198]

Não fosse suficiente, a globalização passa a afetar não só o mercado financeiro, mas também altera a distribuição de postos de trabalho, de forma que as grandes empresas passaram a "importar" mão-de-obra e cérebros "mais baratos",[199] o que provocou sério desequilíbrio no mercado, até com a intervenção governamental em alguns casos, para coibir tal prática.

Entretanto, ante a resistência de alguns governos a esta "importação", a globalização tratou de encontrar alternativas, como descrevem Martin e Schumann:

---

[198] MARTIN, Hans-Peter e SCHUMANN, Harald. *A Armadilha da Globalização: o assalto à democracia e ao bem-estar social*. Trad. Waldtraut U. E. Rose e Clara C.W. Sackiewicz. 2. ed., São Paulo: Globo, 1998, p. 70.
[199] "...empresas como Hewlett-Packard, Motorola e IBM passaram a empregar especialistas da Índia, a ordenados baixos. Houve época em que fretavam aviões para lhes trazer a mão-de-obra barata. Era o *brain shopping*, compra de cérebros, como chamavam seu plano para economizar. Os peritos locais em *software* inicialmente se opuseram à concorrência barata e o governo os apoiava, negando ou dificultando vistos de permanência." Idem, p. 142.

"Muitas firmas americanas deslocaram partes importantes de seus projetos de informática diretamente para a Índia. O governo de Nova Délhi lhes ofereceu quase gratuitamente a infra-estrutura necessária (...). Agora, a Siemens, Compaq, Texas Instruments, Toshiba, Microsoft e Lotus mantêm filiais ou terceirizam trabalhos de desenvolvimento de produtos, encomendando-os às subempresas indianas locais.
(...)
Empresas que precisam processar grande volume de dados aproveitam-se das ofertas do outro lado do planeta. Swissar, British Airways e Lufthansa confiaram uma fatia de sua contabilidade às subempresas indianas. O Deutsche Bank encarregou sua sucursal em Bangalore da manutenção e ampliação dos sistemas de processamento de dados das filiais do Exterior. Também foram indianos que desenvolveram o plano logístico para as docas de contêineres em Bremerhaven, bem como os programas de controle para a Intercope de Hamburgo, que projeta redes de telecomunicação para empresas."[200]

Mesmo dentro da Comunidade Européia, esta situação se faz sentir. A integração de países cujos níveis salariais são muito díspares em um mercado único liberalizado combinada com a restrita mobilidade do trabalho, comparada à do capital, somada às políticas neoliberais de modelo "thatcheriano", agravam as diferenças salariais no seio da Comunidade, permitindo que os grupos econômicos encontrem mão-de-obra qualificada e barata no próprio território da Comunidade e em países limítrofes.[201]

---
[200] Idem, p. 142-143.
[201] V. CHESNAIS, François. "Um programa de ruptura com o neoliberalismo." in *A Crise dos paradigmas em ciências sociais e os desafios para o século XXI*. Rio de Janeiro: Contraponto, 1999, p. 95.

Nota-se, pois, que o mercado global retira da esfera de competência dos Estados a condição de autonomia necessária para a regulação de tais problemas, manipulando os envolvidos segundo os interesses econômicos em questão, sem qualquer outra preocupação.

Não bastassem as influências, já expostas, que a globalização exerce em relação ao mundo econômico, seus efeitos e alcance não poupam, sequer, a própria cultura e identidade das pessoas. Nas palavras de Dowbor:

"As dimensões cultural e da identidade das pessoas foram muito subestimadas, sobretudo pelos economistas, em favor das visões econômicas e outras do gênero. É impressionante verificarmos até que ponto as pessoas lutam por essa identidade. Vejam o drama que é os iugoslavos tentarem desembaralhar esses laços de interesses culturais."[202]

Diante dessa conjuntura, ganham espaço instituições regionais, em detrimento daquelas características do Estado do pós-guerra, eminentemente centralizadas, na medida em que, como se disse, o governo nacional perde o controle sobre a economia em seu território, pois esta se afastou do contexto nacional e foi "globalizada", subsistindo, entretanto, um certo controle em termos regionais.

Conforme José Eduardo Faria:

"Os espaços infra-estatais estão sendo polarizados por formas 'inoficiais' ou não-oficiais de resolução dos conflitos – como usos, costumes, diferentes estratégias de mediação, (...). Já os espaços supra-estatais têm sido polarizados pelos mais diversos organismos multilaterais (Banco Mundial, Fundo Monetário Internacional, Organização Mundial do Comércio, etc.), por conglomerados empresariais,

---

[202] DOWBOR, Ladislau. "Reordenamento do poder e políticas neoliberais", in *Globalização, Metropolização e Políticas Neoliberais*. São Paulo: EDUC, 1997, p. 103.

por instituições financeiras, por entidades não governamentais e por movimentos representativos de uma sociedade civil supranacional.

Além disso, a ordem jurídica do Estado-nação atualmente enfrenta uma outra enorme limitação estrutural. Suas normas padronizadoras, editadas com base nos conhecidos princípios da impessoalidade, generalidade e da abstração e tradicionalmente organizado sob a forma de um sistema lógico-formal fechado e hierarquizado, são singelas demais para disciplinar ações crescentemente complexas."[203]

De outra parte, a globalização econômica passou a ser a mola propulsora dos chamados processos de integração, conduzindo o Estado para uma nova conceituação, que passa necessariamente pelos conceitos de soberania e supranacionalidade.[204]

Entretanto, ao contrário do que se poderia supor, a globalização não "irmanou" povos e condições de vida, muito ao contrário, a ausência de instrumentos de regulação da economia global agrava prodigiosamente a polarização mundial entre ricos e pobres.[205]

Uma recente tendência parece ter entrado em uso corrente: para explicar algumas transformações na relação entre o homem, os espaços e o tempo, denominam-na *glocalização*, espécie de globalização localizada ou *locus* da globalização que, ao contrário do que afirma o discurso, atua, cada vez menos, na busca da integração das diferentes camadas sociais, mas escolhe com cuidado quem, onde e como se inserir.[206]

---

[203] FARIA, José Eduardo. "Direitos Humanos e globalização econômica: notas para uma discussão." In *O Mundo da Saúde*. SP, ano 22, v. 22, n.2, mar/abr 1998, p. 74.
[204] V. explanação anterior, sobre o tema.
[205] DOWBOR. "Globalização e tendências institucionais." In DOWBOR, Ladislau; IANNI, Octavio e RESENDE, Paulo-Edgar A. *Desafios da Globalização*. Petrópolis: Vozes, 1998, p. 11.
[206] Mais detalhes, v. LARA, Fernando. "Arquiteturas glocalizadas". In *AU 89 – Arquitetura e Urbanismo*, São Paulo: Pini, Abril/Maio 2000 (bim.), p. 62-63.

Percebe-se que a maior parte das ações, produtos, planos, etc., que se levam a efeito em várias partes do mundo, tem como alvo um público bem definido, próximo entre si e a anos-luz de distância daqueles que vivem ali, do outro lado do muro.

Essa estratificação, que isola indivíduos e comunidades de um mesmo espaço, enquanto os aproxima de grupos semelhantes em pontos diferentes do globo, força a perda de identidade territorial e nacional, fato que, sem qualquer dúvida, colabora para o enfraquecimento do Estado, na medida em que o povo é afastado dos sentimentos de empatia e fraternidade,[207] quer no que diz respeito aos demais concidadãos, quer em relação ao próprio Estado.[208] [209]

A verdade é que a democracia, e a efetiva inserção do cidadão nos processos sociais, portanto, requer coordenadas de espaço e de tempo, voltadas a assegurar a "governabilidade", pois impossível que se tenha como

---

[207] "Para o Estado-nação clássico dos séculos XIX e XX, o poder político e emocional dependia da coincidência de lealdades – a lealdade para com a nação e o Estado. Cada um podia ver a si próprio como, ao mesmo tempo, privilegiado e responsável. Pagavam-se impostos nos mesmos espaços onde se recebiam benefícios. Votava-se nos espaços onde se aplicavam as leis que aqueles votos contribuíam para criar. Lia-se sobre notícias nacionais, na maioria das vezes em jornais nacionais ou locais, não *on line*. As pessoas mais próximas eram os conhecidos da vizinhança ou do bairro, os colegas de trabalho, os amigos do clube e um certo grupo de parentes. Fazia-se política no mesmo lugar onde se trabalhava. E a cultura nacional apresentava-se como o foco central de identificação das pessoas." (ANDERSON, op. cit., p.167)

[208] "Na verdade, não alcançamos a universalidade; ficamos internacionais, não chegamos a ser universais; inclusive partilhamos as formas de arrogância dos outros." (Milton Santos, pronunciamento ao receber o título de professor emérito da USP, *apud* DUARTE, Fábio. *Global e local no mundo contemporâneo*. São Paulo: Moderna, 1998, p. 100).

[209] "Em nível econômico, porém, a globalização impõe uma doutrina integrista. Vende-nos um modelo de desenvolvimento inviável. Ao invés de criar uma 'aldeia global', gera, em nível mundial, guetos de gente próspera e elegante que partilha o mesmo estilo, seguindo o mesmo modelo de consumo e destruindo o meio ambiente. Por trás dos guetos pululam os cortiços, as favelas e os subúrbios onde faltam água, energia e alimento, mas onde aumentam a delinquência, o desemprego, a violência e a poluição." (Entrevista de OSWALDO DE RIVERO, para O Correio da Unesco, set/out 1999, p. 65)

referência o sistema global como um todo.²¹⁰ ²¹¹ As fronteiras se fazem necessárias para assegurar o funcionamento democrático dos procedimentos formais, configurando-se, também, como a moldura dentro da qual direitos substanciais podem ser defendidos e preservados. A questão que se impõe, diante do exposto, refere-se à possibilidade de manutenção do Estado, como o conhecemos e entendemos – Estado-nação –, a fim de manter a democracia sem sucumbir à globalização. Anderson proclama sua fé na manutenção do Estado-nação nos termos seguintes:

> "Para concluir, deixem-me dizer que creio que o Estado-nação ainda permanecerá, por um bom tempo, como a unidade política legítima básica do século XXI, apesar de já ter alcançado seu apogeu histórico, que começa a ser superado. (...) Exatamente na era do capitalismo globalizado, quando a 'economia nacional' se apresenta cada vez menos viável – mesmo nos casos das gigantescas e altamente nacionalistas supereconomias dos Estados Unidos e do Japão –, o Estado-nação se torna o mediador necessário entre os movimentos irresponsáveis da economia mundial e as populações reais. Ainda não temos sérios competidores para a 'nação', enquanto objeto de identificação, ainda que os Estados-nação sejam hoje bem mais fracos do que eram antes."²¹²

Na verdade, o Estado não pode, simplesmente, ser dispensado pela globalização, uma vez que, consoante

---

²¹⁰ V. ALTVATER, op. cit. p. 114.
²¹¹ "É preciso distinguir governabilidade e governança, ou exercício do poder. Esta última é um projeto de alcance global, como mostra a criação, em 1993, da Comissão Mundial sobre Governança Global. (...) Nos anos 90, no entanto, a Comissão para a Governança Global almeja estabelecer normas globais 'suave' para *novas formas de cooperação global institucionalizada entre Estados, agentes econômicos privados, organizações internacionais e organizações não-governamentais.*" (ALTVATER, op. cit. p. 114-115)
²¹² Op. cit., p. 169.

assevera Arnaud,[213] o ente estatal se faz necessário para assegurar muitas responsabilidades que as instâncias pertencentes ao "global" não desejam assumir, ao passo que instâncias pertencentes ao "local" não têm capacidade para assumi-las – relações que comportam risco que exige uma equação própria entre os cidadãos, que nenhum acordo regional supraestatal deseja, ou mesmo pode, assumir.

3.4. A Terceira Via

As questões até aqui apontadas evidentemente não passam despercebidas aos olhos daqueles que buscam alternativas e novos horizontes para o Estado, tendo Anthony Giddens, em 1998, apresentado uma proposta, ou como afirma o sociólogo inglês, "uma contribuição para o debate", a qual denominou "A terceira via",[214] que será objeto de exame ante o fato de abranger a quase totalidade dos temas aqui tratados, bem como por haver sido formulada em tempos recentes e originar-se na Inglaterra, onde o neoliberalismo mais avançou, como já se disse, na era Tachter.

Em 1998, na campanha eleitoral inglesa, Giddens escreveu um artigo defendendo o novo trabalhismo, proposto pelo Partido Trabalhista inglês, contra ataques formulados por Martin Jacques e Stuart Hall, que entendiam que as propostas trabalhistas apresentadas representavam, tão-somente, uma "maquiagem" aplicada sobre o "tatcherismo", remanescendo, para muitos, a sensação de que o Partido Trabalhista, eleito, no governo seguia um programa neoliberal.

Neste contexto, após um encontro com o presidente norte-americano, Bill Clinton, Tony Blair, primeiro-mi-

---
[213] Op. cit., p. 25.
[214] V. GIDDENS, Anthony. *A terceira via*: reflexões sobe o impasse político atual e o futuro da social-democracia. Trad. Maria Luiza X. de A. Borges. Rio de Janeiro: Record, 1999, 173p.

nistro inglês, apresentou sua intenção de buscar um consenso de centro-esquerda para o século 21, uma "Terceira Via", diversa da antiga esquerda e da nova direita (Clinton já havia anunciado esta proposta em seu discurso sobre o estado da União). Este anúncio do primeiro-ministro inglês não alcançou a repercussão positiva esperada, na época em que foi feito, na medida em que os programas de ação de Clinton eram em grande medida irrelevantes para o contexto europeu, dadas as tradições mais fortes de proteção social da Europa, além disso, a expressão "Terceira Via" trazia lembranças desagradáveis aos ingleses, pois fora usado por alguns dos movimentos mais nefandos dos anos 20 e 30 do século passado, tal como a noção de que direita e esquerda eram categorias largamente obsoletas e, mais tarde, a "Terceira Via" passou a significar socialismo de mercado, uma idéia que não levava a lugar algum.

A fim de situar o que seja a "Terceira Via", Giddens leva a efeito um cotejo – que denomina "As doutrinas compradas"[215] – entre sua proposta, a social democracia e o neoliberalismo.

Para Giddens, a social-democracia foi explicitamente uma política de classe da esquerda, possuindo como seus principais destinatários os operários da manufatura. Embora, para o sociólogo inglês, menos abertamente uma forma de política de classe, o neoliberalismo é uma filosofia conservadora, que situa a si própria na direita política.

Muito embora esmaecidas as diferenças, direita e esquerda não perderam de todo seu significado, como dão testemunho os partidos de extrema-direita, mas, para Giddens, questões relevantes ultrapassam ou retraçam a linha divisória direita-esquerda, incluindo respostas à globalização, à diversidade cultural e à mudança científica a tecnológica.

[215] Op. cit. p. 24-26.

Assim, a Terceira Via representaria um movimento de modernização do centro, pois embora aceite o valor socialista básico da justiça social, rejeita a política de classe, buscando uma base de apoio que perpasse as classes da sociedade, e apesar de repudiar o autoritarismo e a xenofobia, não se caracteriza como uma alternativa libertária. A liberdade individual depende de recursos coletivos e implica justiça social.

O governo não é, como dizem os neoliberais, o inimigo da liberdade; mas, ao contrário, o bom governo é essencial para que se desenvolva e expanda.

Quanto à questão econômica, afirma que, à primeira vista, vislumbra-se apenas "uma via", e neste ponto os críticos supõem pisar em terreno firme. A privatização e a desregulamentação estão na ordem do dia. Os governos, de modo geral, buscam a privatização das indústrias estatais e vender outros ativos ao setor privado, enquanto no plano global os mercados reinam de forma incontestável.

Entretanto, o mercado não oferece todas as respostas, como pretendem os neoliberais.

O erro que o neoliberalismo partilha com as correntes libertárias é equiparar a desregulamentação à liberdade. Os neoliberais (à diferença dos libertários) não cometem esse erro no âmbito da moral – não fazendo sentido a generalização do ponto de vista econômico.

A regulamentação econômica é muitas vezes a própria condição tanto da liberdade como da prosperidade. Além disso, não raro, a desregulamentação numa área econômica termina por transferir a necessidade de regulamentação para outra área, para um contexto diverso.

A Terceira Via propõe a criação de uma nova economia, chamada "nova economia mista", a qual não diz respeito primeiramente a um equilíbrio entre indústrias estatais e privadas, mas está referida a um equilíbrio entre regulamentação e desregulamentação, e entre o aspecto econômico e o não-econômico na vida da sociedade.

A regulamentação é, normalmente, competência do governo ou do Estado, porque somente o governo possui o mecanismo sancionador da lei.

A regulamentação pelo Estado faz-se necessária por diversas razões, havendo controvérsias ao serem as mesmas arroladas. Entretanto, Giddens aponta algumas razões, na forma que segue.

É necessária, também, para o fim de preservar a competição econômica quando ela é ameaçada pelo monopólio, sendo que a competição é mais importante para a prosperidade econômica do que saber se um dado setor é ou não privatizado, e a competição regulamentada é a base viável do "livre" jogo das forças de mercado.

A regulamentação não pode ser afastada, pois se presta ao controle dos monopólios naturais. Existem empresas que só trabalham de maneira eficiente como monopólios – aponta-se o desperdício de haver duas linhas de trem ou cabos de força correndo lado a lado, por exemplo –, sendo a regulamentação tão necessária nestes casos quanto às medidas antitruste.

Por igual, a regulamentação cria e sustenta as bases institucionais dos mercados. Ao contrário da ortodoxia neoliberal, os mercados não produzem a ordem espontaneamente, nem convertem a violência em liberdade.

O resguardo dos bens públicos, políticos ou culturais da intromissão indesejada do mercado também é uma tarefa que cabe à regulamentação – o empenho profissional, serviços altruístas, sentimento comunitário e obrigação moral, entre outros bens não-econômicos, necessitam de proteção contra as investidas do capitalismo.

O direcionamento dos mercados para objetivos de médio e longo prazo também cabe à regulamentação. Embora não seja verdade que os mercados sempre operam a curto prazo, não há dúvida de que na maior parte das vezes eles têm por efeito privilegiar ganhos de curto prazo em detrimento de benefícios a longo termo.

Cumpre à regulamentação, também, minimizar as flutuações dos mercados, no plano macro assim como no micro, não podendo se admitir que interesses individuais se sobreponham ao bem comum.

Impõe-se a regulamentação para o fim de proteger as condições físicas e contratuais dos empregados, já que os trabalhadores não são uma "mercadoria", sendo um retrocesso admitir-se o contrário.

Uma regulamentação dos mercados voltada para o futuro há de ser implementada com vistas a evitar as catástrofes, sendo os potenciais desastres ecológicos somente um exemplo de tais situações.

Na nova economia mista, o desenvolvimento econômico seria sempre julgado e absorvido em termos das conseqüências sociais mais abrangentes – valendo esta premissa para as empresas também.

Aos direitos correspondem responsabilidades, obrigações; não há autoridade sem democracia, estes são os princípios norteadores da Terceira Via, aplicáveis no âmbito privado e no público.

Dentro desta linha de raciocínio, cumpre ao governo criar uma cultura empresarial confiável, responsável, que leve a uma conduta em acordo com os referidos princípios, o que pode ser feito através de uma mescla de incentivos e controles.

A grande discussão entre sociais-democratas e neoliberais sempre girou em torno do alcance do Estado, os primeiros empenhados em expandir, e os segundos, em sua restrição.

Já, a Terceira Via propõe a reconstrução destas posições, indo além da discussão sobre ser o governo, simplesmente, a solução ou o problema. Giddens entende que a crise da democracia liberal fracassa por não ser suficientemente democrática, pois está jungida a fontes de legitimidade ligadas ao passado. Para recuperar confiança e legitimidade, a Terceira Via advoga um minucioso pacote de reformas que, juntas, poderiam definir um novo Estado democrático.

O novo Estado democrático basear-se-ia na delegação de poder, em ambos os sentidos (de cima para baixo e inversamente), ou seja, na busca da regionalização, mas também no sentido transnacional. Razão pela qual a noção de subsidiariedade torna-se uma questão que ultrapassa as fronteiras da Europa, passando a ser condição estrutural da política democrática moderna.

Em tempos de globalização, não se pode deixar de aventar um governo mundial, implicando, esta questão, um movimento de mão dupla das autoridades democráticas.

Assim, a chave do sucesso do Estado democrático é democratizar a própria democracia, aumentando a transparência nos negócios e questões públicas, bem como buscando novas formas de participação democrática, não-ortodoxas. Evidentemente, este processo passa pelo fomento de uma maior participação da sociedade civil.

A presença do Estado como agente fundamental na sociedade civil é um elemento essencial na política proposta pela Terceira Via, e, em oposição à antiga esquerda, encara como graves e urgentes os problemas de criminalidade e declínio urbano, tendo o governo possibilidade de enfrentá-los, através de estratégias de renovação comunitária.

Embora a ênfase à comunidade possa parecer deslocada ante o impacto da globalização, como já exposto, há compatibilidade entre elas, na medida em que a globalização implica não somente se libertar da arena local como também regressar a ela, criando novas pressões e novas oportunidades para a restauração da comunidade.

Em geral, os sociais-democratas nutriram pouco interesse pela idéia de nação, vista com algum ceticismo e como uma ameaça à solidariedade internacional. Os neoliberais, ao contrário, tenderam a mesclar um nacionalismo categórico e isolacionista com a defesa do livre mercado.

O que se busca, portanto, é encontrar um novo papel para a nação num mundo cosmopolita. Em uma ordem global que não pode se sustentar como "puro mercado", reafirmar o papel da nação é uma atitude importante como força estabilizadora, como freio à infindável fragmentação.

Ao mesmo tempo, faz-se necessária uma versão mais flexível da nacionalidade para manter efeitos danosos do nacionalismo exacerbado sob controle, sendo esta flexibilização causa e condição do possível desaparecimento das guerras de grandes proporções entre os Estados. O "Estado forte" costumava significar uma nação bem preparada para a guerra; hoje deve significar uma nação segura o bastante de si mesma para aceitar os novos limites da soberania.

É preciso, portanto, que surja uma nação cosmopolita, que gere a segurança referida, uma nação ativa, onde as identidades nacionais sejam sustentadas de uma forma mais aberta e discursiva, respeitando não somente as suas próprias complexidades, mas também outras implicações e relações que lhes são ínsitas, de modo a construir uma nova e mais reflexiva identidade nacional, a partir de um projeto modernizador do próprio Estado e de suas relações.

O *Welfare State* também é objeto da proposta trazida pela Terceira Via, que oferece um cenário bastante diverso das posições até agora defendidas, de forma polarizada, por sociais-democratas e neoliberais, os primeiros defendendo-o sob o entendimento de que, plenamente desenvolvido, este seria pedra angular de uma sociedade justa e humana, os últimos entendendo-o como inimigo das empresas e fator de decadência da sociedade.

A proposta da Terceira Via entende que as instituições de bem-estar social, muitas vezes, são alienantes e burocráticas, e que os benefícios previdenciários geram direitos adquiridos que podem produzir conseqüências perversas para o Estado, na medida em que subvertem seu objetivo original.

Assim, o *Welfare State* necessita de uma reforma radical, não para reduzi-lo, mas para que responda às circunstâncias de vida atuais. Ao contrário da proposta inicial que deu origem ao *Welfare State*, que declarou guerra à doença, à ignorância, à falta de condições sanitárias – um enfoque negativo –, deve-se dar ênfase aos aspectos positivos, para os quais contribuem os próprios indivíduos e outros organismos sociais, além do Estado, e cuja dinâmica age como criadora de riquezas.

Por esta visão, o Estado Social, após a reforma, tornar-se-ia um Estado de investimento social, estabelecendo-se uma nova relação entre risco e seguridade, de um lado, e responsabilidade individual e coletiva de outro. O princípio do benefício previdenciário, da proteção contra o risco, continuará a ser uma parte central do investimento do Estado, porém fazendo-se uso do lado mais positivo ou enérgico do risco, pois esse é o caminho para uma sociedade dinâmica e inovadora.

A principal pauta do Estado de investimento social pode ser formulada de maneira simples: onde quer que seja possível, investir em capital humano, e não pagar diretamente os benefícios.

Não se desconhece a complexidade e tamanho da árdua tarefa que significará a reforma do Estado Social, pois esta discussão diz com questões fundamentais, tais como conter o crescimento da desigualdade, construir um sistema de saúde cuja cobertura seja universal, implantação de uma política de planejamento familiar, a questão relativa ao pleno emprego em tempo integral, etc.

Em cada um desses temas, porém, como uma questão de princípios e na aplicação prática, pode-se traçar uma clara linha divisória entre a nova política e as duas posições alternativas.

Talvez o resumo das posições que a Terceira Via entende como sendo a alternativa para o Estado e a sociedade ante o neoliberalismo e a globalização esteja expresso na declaração feita pelo primeiro-ministro inglês Tony Blair na reunião de líderes ocidentais, realizada em Florença, Itália, ao final do ano de 1999: "Temos de rejeitar tanto o conservadorismo de direita quanto o da esquerda. Os líderes políticos devem buscar uma globalização que não se detenha à economia."[216]

3.5. O garantismo jurídico

Ante todas as propostas apresentadas, para um modelo de Estado que responda às novas realidades do terceiro milênio, não se pode desprezar a possibilidade de construção de um modelo garantista de Estado, nos moldes do garantismo jurídico proposto por Luigi Ferrajoli, diante da perspectiva que as idéias do mestre italiano trazem em termos de fundamento de validade das normas jurídicas, especialmente no seu aspecto material (ou substancial), posto que tende a criar uma identidade de propósitos entre cidadão e Estado, através do aproveitamento de facetas positivas do Estado Liberal e do Estado Social – o Estado não interfere nos direitos do cidadão, mas também não está isento de propiciar seu bem-estar.

Ao questionamento que poderia ser feito quanto à inclusão da doutrina do garantismo jurídico no presente trabalho, além do exposto, adota-se o ensinamento de Streck, nos termos seguintes:

"O garantismo é visto, nos limites desta abordagem, como uma maneira de fazer democracia dentro do Direito e a partir do Direito. Como 'tipo ideal', *o garantismo reforça a responsabilidade ética do operador do Direito*. É evidente que o garantismo não se

---
[216] Jornal ZERO HORA, Porto Alegre, 22.11.1999, p. 4.

constitui em uma panacéia para a cura dos 'males' decorrentes de um Estado Social que não houve no Brasil, cujos reflexos arrazadores deve(ria)m indignar os lidadores do Direito. *O que ocorre é que, em face da aguda crise do positivismo jurídico-normativista, não se pode desprezar um contributo para a operacionalidade do Direito do porte do garantismo, que prega, entre outras coisas que a Constituição (em sua totalidade) deve ser o paradigma hermenêutico de definição do que seja uma norma válida ou inválida, propiciando toda uma filtragem das normas infraconstitucionais que, embora vigentes, perdem sua validade em face da Lei Maior.* Dito de outro modo, o garantismo não significa um retorno a um 'Estado bom' que já houve. Nos países avançados da Europa, beneficiários do *welfare state*, isso até seria possível. No Brasil, ao contrário, onde o Estado Social foi um simulacro, o garantismo pode servir de importante mecanismo na construção das condições de possibilidades para o resgate das promessas da modernidade."[217]

Dentro de uma concepção de Estado que implica, forma necessária, a participação dos cidadãos e realização de seus direitos fundamentais, o garantismo oferece uma alternativa que não pode ser desprezada.

Bobbio afirma ser a democracia a sociedade dos cidadãos, sendo que os súditos se tornariam cidadãos quando reconhecidos seus direitos fundamentais.[218] A construção de um Estado que permita a realização de tais direitos pode ser a opção restante, possível, para o terceiro milênio.

Embora Ferrajoli tenha, originalmente, proposto a doutrina do garantismo jurídico para o campo penal, como resposta às divergências existentes entre a programação normativa em termos constitucionais e a aplicação efetiva do direito, suas propostas ganharam proporções

---

[217] STRECK, Lenio Luiz. *Tribunal do Júri – Símbolos e Rituais*. 3. ed., Porto Alegre: Advogado, 1998, nota 6, p. 25.
[218] In *A Era dos Direitos*. Rio de Janeiro: Campus, 1992, p. 1.

maiores que permitem falar na estruturação de uma nova teoria do direito com reflexos múltiplos nas áreas de abrangência deste, também no que diz respeito às formulações relativas ao Estado.

Em verdade, Ferrajoli, para explicar o direito como um sistema de garantias, parte de uma análise da crise do direito,[219] que estaria vinculada à crise da legalidade, à crise do Estado Social e à crise do constitucionalismo.

A crise da legalidade está ligada à crise "do valor vinculativo associado às regras pelos titulares dos poderes públicos, que se exprime na ausência ou na ineficácia dos controles",[220] ou seja, os próprios titulares do poder público colocam em xeque o caráter vinculativo das normas, daí decorrendo a ineficácia dos referidos mecanismos.

De outro lado, Ferrajoli aponta a inadequação das formas adotadas pelo Estado de Direito às funções que cabem ao Estado Social, agravada pela acentuação de seu caráter seletivo e desigual, conseqüência da crise pela qual passa, o que indicaria outra faceta da tríplice crise antes referida.

Por fim, o professor florentino indica um terceiro aspecto desta crise, ligado à crise do Estado Social, que é o enfraquecimento do constitucionalismo tendo em vista o deslocamento das sedes de decisão, dos lugares de soberania, provocado pelo processo de integração mundial.

Ferrajoli alerta para as possibilidades de desdobramento de tal crise, *in verbis*:

> "E evidente que esta tríplice crise do Direito corre o risco de transmutar-se em crise da democracia. Ela equivale, de fato, em todos os três aspectos ora enumerados, a uma crise do princípio da legalidade, isto é, da sujeição à lei dos poderes públicos, princípio esse sobre o qual se fundam quer a sobe-

---

[219] V. "O Direito como sistema de garantias", in *O novo em Direito e Política*. Porto Alegre: Livraria do Advogado, 1997, p.89, e, *Derechos y garantías. La ley del más débil*. Madrid: Trotta, 1999, p.15.
[220] Idem.

rania popular, quer o paradigma do Estado de Direito; e permite a reprodução, no seio dos nossos ordenamentos, de formas neo-absolutistas de poder público, isentas de limites e de controles e governadas por interesses fortes e ocultos."[221]

A partir destas constatações, o jurista italiano parte para a formulação do que chamou de paradigma garantista de validade, que se divide em duas dimensões: uma formal (existência ou vigência), que diz respeito à produção de outras normas, de inspiração evidentemente kelseniana; e outra substancial, referida à vinculação material (substancial) das normas de hierarquia inferior àquelas superiores.

Decorrente desta posição, restam orientados os fins do Estado. Nas palavras do próprio Ferrajoli:

"Todos los derechos fundamentales – no sólo los derechos sociales y las obligaciones positivas que imponen al Estado, sino también los derechos de libertad y los correspondientes deberes negativos que limitan sus intervenciones – equivalen a vínculos de *sustancia* y no de forma, que condicionan la validez sustancial de las normas producidas y expresan, al mismo tiempo, los *fines* a que está orientado esse moderno artificio que es el Estado constitucional de derecho."[222]

Também Cossio Díaz, ao examinar as questões referentes ao Estado Social, vinculara-o, forma necessária, ao Estado Democrático de Direito,[223] relacionando

---
[221] "O Direito como sistema de garantias", in *O novo em Direito e Política*. Porto Alegre: Livraria do Advogado, 1997, p. 91.
[222] In *Derechos y garantías. La ley del más débil*. Madrid: Trotta, 1999, p. 22.
"Todos os direitos fundamentais – não só os direitos sociais e as obrigações positivas que impõem ao Estado, mas também os direitos de liberdade e os correspondentes deveres negativos que limitam suas intervenções – equivalem a vínculos de *substância* e não de forma, que condicionam a validade substancial das normas produzidas e expressam, ao mesmo tempo, os *fins* a que está orientado esse moderno artifício que é o Estado constitucional de direito." (Tradução do autor deste trabalho.).
[223] V. COSSIO DÍAZ, José Ramón. *Estado Social y Derechos de Prestacion*. Madrid: Centro de Estudios Constitucionales, 1989, p. 35 e seguintes.

Estado Social e Estado de Direito através dos valores materiais da igualdade e liberdade, asseverando, no entanto, que esta relação implica incompatibilidades, na medida em que no Estado de Direito se busca uma idéia de liberdade à margem da atuação estatal, no Estado Social se requer esta atuação para o fim de superar a desigualdade.

Para superar este tipo de incompatibilidade, Cossio Díaz, propõe a supremacia dos princípios diretores, governantes, regentes, superiores.[224] Tais princípios – "rectores"[225] – permitem o estabelecimento de limites, a partir dos quais o Tribunal Constitucional controla a constitucionalidade das leis,[226] sendo assim, estes princípios orientam o ordenamento e o próprio Estado.

Parece que a posição antes referida caminha na mesma direção indicada por Ferrajoli no sentido da necessidade de constitucionalização dos direitos fundamentais, a fim de propiciar o surgimento de uma dimensão substancial tanto no direito como na democracia.

Esta dimensão substancial termina por orientar o que deve ser garantido em termos de "direitos de liberdade", consistentes em expectativas negativas (limites negativos), e quanto a "direitos sociais", as expectativas positivas (vínculos positivos por parte dos poderes públicos).

Na visão garantista, o Estado Constitucional de Direito, sendo produto da vontade social, deve se apresentar como estrutura a serviço da sociedade, ou seja, um Estado que se caracteriza, no plano formal, por estar submetido à lei, e, no plano substancial, pela funcionalização dos poderes estatais no intuito de garantir os direitos fundamentais do cidadão, os quais devem estar incorporados à ordem constitucional sob a forma de proibição de lesão aos mesmos e obrigação de satisfação

---

[224] O termo usado no original é "principios rectores", a tradução é do autor, com base no verbete "RECTOR", do Dicionário de Espanhol-Português, Porto: Porto, 2. ed., 1998, p. 893.
[225] V. nota anterior.
[226] COSSIO DÍAZ, op. cit. p. 262.

dos direitos sociais, ou seja, mantém-se a legalidade da ação estatal no intuito de promover o bem-estar social.[227]

O fundamento, pois, da proposta garantista, quanto ao Estado de Direito, assenta-se na legitimidade substancial (ou material). Entretanto, a possibilidade de efetiva realização desta legitimidade substancial requer, por sua vez, a existência de uma democracia substancial.[228]

A regra posta no Estado Liberal é a de mínima ingerência do Estado, ou seja, nem sobre tudo se pode decidir, nem mesmo por maioria, os direitos fundamentais de liberdade restam intangíveis. No Estado Social, a regra é oposta: nem sobre tudo se pode deixar de decidir, nem sequer por maioria; é dizer, o legislador tem o dever constitucional de promover os direitos sociais.

Ante estas realidades, o garantismo propõe, para alcançar a união de ambas as dimensões do Estado, como postas, num só aparato de garantias, a reformulação do conceito de democracia. A democracia política ou formal estaria calcada no princípio da maioria como fonte de legitimidade, e a democracia substancial ou

---

[227] "... el garantismo de un sistema jurídico es un questión de *grado*, que depende de la precisión de los vínculos positivos o negativos impuestos a los poderes públicos por las normas constitucionales y por el sistema de garantías que aseguran una tasa más o menos elevada de eficacia a tales vínculos." FERRAJOLI, op. cit. p. 25. ("...o garantismo de um sistema jurídico é uma questão de grau, que depende da precisão dos vínculos positivos ou negativos impostos aos poderes públicos pelas normas constitucionais e pelo sistema de garantias que asseguram uma taxa mais ou menos elevada de eficácia a tais vínculos." Tradução do autor deste trabalho.)

[228] "... que se refiere al *qué* es lo que no pude decidirse o debe ser decidido por cualquier mayoría, y que está garantizado por las normas substanciales que regulan la *sustancia* o el *significado* de las mismas decisiones, vinculándolas, so pena de invalidez, al respeto de los derechos fundamentales y los demás princípios axiológicos establecidos por aquélla." (FERRAJOLI, op. cit., p. 23) ("... que se refere ao *que* é o que não pode decidir-se ou não deve ser decidido por qualquer maioria e que está garantido pelas normas substanciais que regulam a *substância* ou o *significado* das mesmas decisões, vinculando-as, sob pena de invalidade, ao respeito aos direitos fundamentais e os demais princípios axiológicos estabelecidos por aquela." Tradução do autor deste trabalho.)

social seria o Estado de Direito provido de garantias específicas, liberais e sociais

Conforme elucida Cadermatori:

"Por isso, o garantismo redefine o conceito de democracia: É chamado *democracia substancial ou social* o 'estado de direito' munido de garantias específicas, tanto liberais quanto sociais; sendo que a *democracia formal ou política* será o 'estado político representativo', isto é, baseado no princípio da maioria como fonte da legalidade."[229]

A proposta garantista une, assim, a democracia social (substancial) e o Estado de direito social, pois estabelece a coexistência de um Estado liberal mínimo e um Estado social máximo, ou, em outras palavras, tem-se a mínima restrição às liberdades individuais e a máxima satisfação das necessidades sociais.[230]

Talvez a grande questão que pode ser contraposta ao modelo garantista de Estado, consista no questionamento relativo à instrumentação das garantias relativas aos direitos fundamentais, que, ao final, ocupam posição nuclear no modelo, os quais, por sua ligação a princípios éticos, não permitem uma positivação legal simplista.

É bem verdade que o mestre italiano não afasta a positivação, mas alerta para a necessidade de distinção entre os direitos e suas garantias, em virtude do próprio princípio da legalidade como norma de reconhecimento das normas positivadas existentes – os direitos necessi-

---

[229] CADERMATORI, Sérgio. *Estado de direito e legitimidade: uma abordagem garantista*. Porto Alegre: Livraria do Advogado, 1999. p. 161.

[230] "Destarte, muda a base de legitimação do estado: enquanto o estado de direito liberal deve apenas *não piorar* as condições de vida dos cidadãos, o estado de direito social deve também *melhorá-las*. Esta diferença decorre da diferente natureza dos bens a serem preservados. Enquanto o estado liberal de direito tem por fito preservar as condições *naturais* ou pré-políticas de existência (vida, liberdades, imunidades perante o poder, e, hoje, a não-nocividade do ar, da água e dos recursos naturais), as garantias sociais ou positivas baseadas em obrigações do estado permitem pretender ou adquirir condições *sociais* de vida: subsistência, saúde, educação, trabalho, moradia, etc." (CADERMATORI, op. cit., p. 160)

tam de positivação para existirem, assim como as garantias também necessitam serem estabelecidas de forma normativa –, a fim de que não se caia em excessos jusnaturalistas.

Se a distinção se presta à discussão teórica, também acarreta o surgimento de questionamentos relativos à concretização das garantias. Ocorre que a enunciação constitucional dos direitos sociais e prestações públicas positivas não foi acompanhada pela elaboração de *garantias sociais* adequadas, ou seja, de técnicas de defesa e justificação comparáveis às *garantias liberais* (relativas aos direitos de liberdade individual).

Conforme o professor florentino, o desenvolvimento do *Welfare State* neste século foi levado a efeito através de simples ampliações dos espaços de dicricionariedade dos aparatos burocráticos, e não pela instituição de técnicas de garantia que fossem adequadas aos novos direitos, todavia, pior é a situação dos direitos humanos, estabelecidos em tratados e convenções internacionais, os quais restaram praticamente sem efetividade.

Essa realidade, para Ferrajoli, apenas corrobora a idéia de que há uma enorme distância entre a norma e a realidade, que deve ser eliminada ou, ao menos, reduzida, a fim de trazer legitimação política e jurídica aos ordenamentos.

Posta essa realidade, ainda assim, remanesce o questionamento relativo à instrumentação das garantias destes direitos, por vezes tão difíceis de configurar no plano material.

O próprio Ferrajoli, já antevira a questão e oferece solução nos seguintes termos:

"En el plano técnico nada autoriza a decir que los derechos sociales no sean garantizables del mismo modo que los demás derechos porque los actos requeridos para su satisfacción serían inevitablemente discrecionales, no formalizables y no suscetibles de controles y coerciones jurisdiccionales. Ante todo, hay que afirmar que esta tesis no vale para todas las formas de garantía *ex lege* que, a diferencia de lo que ocurre con las prácticas burocráticas y potestativas propias del Estado asistencial y clientelar, podrían muy bien realizarse mediante prestaciones gratuitas, obligatorias e incluso automáticas: como la enseñanza pública gratuita y obligatoria, la assistencia sanitaria asimismo gratuita o la renta mínima garantizada. En segundo lugar la tesis de la no susceptibilidade de tutela judicial de estos derechos resulta desmentida por la experiencia jurídica más reciente, que por distintas vías (medidas urgentes, acciones reparatorias y similares) há visto ampliarse sus formas de protección jurisdiccional, en particular en lo que se refiere al derecho a la salud, a ala seguridad social y a una retribución justa. En tercer lugar, más allá de su justiciabilidad, estos derechos tienen el valor de princípios informadores del sistema jurídico ampliamente utilizados en la solución de las controversias por la jurisprudencias de los Tribunales constitucionales. Sobre todo, en fin, no hay duda de que muy bien podrían elaborarse nuevas técnicas de garantia."[231]

---

[231] FERRAJOLI, op. cit., p. 64-65."No plano técnico nada autoriza a dizer que os direitos sociais no sejam passíveis de serem garantidos do mesmo modo que os demais direitos porque os atos requeridos para sua satisfação seriam inevitavelmente discricionários, não formalizáveis e não suscetíveis de controles e coerções jurisdicionais. Antes de tudo, há que afirmar que esta tese não vale para todas as formas de garantia *ex lege* que, diferentemente do que ocorre com as práticas burocráticas e facultativas próprias do Estado assistencial e clientelista, poderiam muito bem realizar-se mediante prestações gratuitas, obrigatórias e, inclusive, automáticas: como o ensino público gratuito e obrigatório, a assistência à saúde, também gratuita, ou a renda mínima garantida. Em segundo lugar a tese da não suscetibilidade de tutela judicial destes direitos resulta desmentida pela experiência jurídica mais recente, que por distintas vias (medidas urgentes, ações reparatórias e similares) viu ampliar-se suas formas de proteção jurisdicional, em particular no que se refere ao direito à saúde, à seguridade social e a uma retribuição justa. Em terceiro lugar, mais além de sua possibilidade jurídica, estes direitos têm o valor de princípios informadores do sistema jurídico amplamente utilizados na solução das controvérsias pela jurisprudência dos Tribunais constitucionais. Sobretudo, em fim, não há dúvida de que muito bem poderiam elaborar-se novas técnicas de garantia." (Tradução do autor deste trabalho.)

As teses garantistas levam à constitucionalização dos direitos fundamentais, a fim de que seja possível sua realização ou, ao menos, que possam ser exigidos, dentro da perspectiva proposta por Ferrajoli de uma legalidade substancial. Esta posição leva a erigir o constitucionalismo como novo paradigma do direito, na medida em que a lei resta submetida não só a vínculos formais, mas substanciais, impostos pelos princípios e direitos fundamentais que passam a fazer parte da Ordem Constitucional. Afasta-se, assim, de um positivismo meramente formalista, abrindo-se espaço à realização do direito material, voltado para o cidadão.

A tese garantista não pressupõe a necessidade de manutenção do nexo entre Estado, Constituição e garantia dos direitos fundamentais, mas é evidente que, muito antes de um "constitucionalismo de direito internacional",[232] é necessário chegar a um Estado constitucional de direito como sistema hierarquizado de normas que condiciona a validade das normas inferiores à coerência com as normas superiores, e com princípios axiológicos nela estabelecidos.

Ao analisar a crise do Estado, Ferrajoli apresenta uma proposta:

> "Naturalmente, esta crisis del Estado es una crisis histórica que tendrá desarrollos imprevisibles. Creo, sin embargo, que corresponde a la cultura jurídica y política utilizar esta azón artificial que es el derecho, y que ya en el pasado há modelado el Estado en sus relaciones internas, para orientar las formas y los itinerarios: itinerarios que pasan, evidentemente, por la superación de la forma misma del Estado nacional y la refundación del derecho internacional no ya sobre la soberanía de los Estados sino sobre la autonomia de los pueblos. Sólo desvinculando esta autonomia de la rigidez monis-

---

[232] V. FERRAJOLI, op. cit. p. 152 e seguintes.

ta del viejo paradigma estatal – basado en la identificación entre Estados, pueblos e naciones – el derecho de autodeterminación de los pueblos podrá realizarse en formas pacíficas, no recíprocamente excluyentes, y a la par auténticas y democráticas. El paradigma, en todo o caso, no puede ser sino el de un Estado constitucional de derecho como el que nos há transmitido la experiencia de las democracias modernas: es decir, el modelo de la sujeción a la ley de los organismos representativos de la ONU, de su reforma en sentido democrático y representativo, y finalmente de la instauración de garantías idóneas para hacer efectivo el princípio de la paz y de los derechos fundamentales, tanto de los indivíduos como de los pueblos, en relación con los Estados."[233]

Esta proposta de Estado, evidencia-se, passa, forma necessária, por um rompimento com conceitos clássicos de soberania e de Estado, não se podendo prever a reação dos cidadãos a esta linha de pensamento,[234] não havendo experiências que propiciem uma avaliação se-

---

[233] Op. cit. p. 151-152.
"Naturalmente, esta crise do Estado é uma crise histórica que terá desdobramentos imprevisíveis. Creio, sem dúvida, que cabe à cultura jurídica e política utilizar esta razão artificial que é o direito, e que já no passado modelou o Estado em suas relações internas, para orientar as formas e os caminhos: caminhos que passam, evidentemente, pela superação da própria forma do Estado nacional e a reedificação do direito internacional não sobre a soberania dos Estados, mas sobre a autonomia dos povos. Só desvinculando esta autonomia da rigidez monista do velho paradigma estatal – baseado na identificação entre Estados, povos e nações – o direito de autodeterminação dos povos poderá realizar-se de formas pacíficas, não reciprocamente excludentes, e, o mesmo tempo, autênticas e democráticas. O paradigma, em todo o caso, não pode ser senão o de um Estado constitucional de direito como o que nos transmitiu a experiência das democracias modernas: ou seja, o modelo da sujeição à lei dos organismos representativos da ONU, de sua reforma no sentido democrático e representativo, e, finalmente, da instauração de garantias idôneas para tornar efetivo o princípio da paz e dos direitos fundamentais, tanto dos indivíduos como dos povos, em relação com os Estados." (Tradução do autor deste trabalho.)
[234] Não se desconhece, como já exposto neste trabalho anteriormente, movimentos defensores de um nacionalismo extremado e xenófobo, que pode ser interpretado como repulsa à flexibilização dos conceitos apontados.

gura que permita um posicionamento (é bem verdade que a União Européia indica um caminho possível nessa linha de pensamento).

Considerando que o garantismo representa um rompimento com o valor intrínseco do direito pelo simples fato de estar vigente e do poder apenas pelo fato de ser efetivo, priorizando o conteúdo axiológico do direito sob o ponto de vista ético-político, voltando o Estado para a direção da satisfação das expectativas relativas aos direitos fundamentais, este configura-se em alternativa passível de aceitação por todos os cidadãos.[235]

Entretanto, do ponto de vista da integração do povo, do cidadão, ao modelo de estrutura organizacional política proposto, como sistema de garantias dos direitos fundamentais – na busca de uma síntese de Estado como garante de direitos e propulsor de desenvolvimento e realização destes – a proposta, mesmo que submetida a uma menor flexibilização dos conceitos de soberania e Estado, como preferiria Ferrajoli, pode significar uma alternativa de transformação do Estado, frente à realidade atual, que atenda aos anseios e necessidades sociais.

A implantação de uma democracia substancial leva à legitimação do Estado e do Direito, conforme Díaz (embora não utilize o adjetivo proposto por Ferrajoli), pois traz consigo o reconhecimento e respeito à vida humana, à liberdade, à participação política, à igualdade, à soberania popular, reconhecimento do direito das minorias e a proteção dos direitos humanos.[236]

---

[235] FERRAJOLI, Luigi. *Derecho y razón: Teoría del garantismo penal*. 3. ed., Madrid: Trotta, 1998, p. 884.
[236] DÍAZ, Elías. *Ética contra política*. 2. ed. México: Fontamara. 1998, p. 51-54.

Conclusão

Por tudo que se expôs até aqui, percebe-se que permanece íntegra uma grande interrogação: Para onde ir? O que será do Estado doravante? Que alternativa resta?

O neoliberalismo não é capaz de responder às necessidades de trabalho e bem-estar social da população mundial, o socialismo real está ameaçado de desaparecimento (para alguns, já não mais existe), assim como o liberalismo clássico restou ultrapassado, e o Estado Social está em crise, pois mergulhado num mundo globalizado onde o mercado assume, paulatinamente, o comando das ações.

Talvez a resposta esteja na necessidade de transformação do Estado, um passo adiante dentro das perspectivas postas pelas novas realidades emergentes.

Os modelos de Estado estudados neste trabalho, nas suas variadas formas e transformações, têm um ponto fundamental em comum: todos estabelecem na Constituição um modelo de sociedade e de economia. Seja o modelo liberal, cuja regra básica é a não-intervenção no domínio econômico numa sociedade que tem como valor principal o individualismo e a propriedade privada, seja no Estado Socialista que estabelece uma economia e uma sociedade socialista, com fundamentos e valores coletivos, até o Estado Social, que oferece modelo no qual convivem lado a lado os princípios dos tipos de Estados ortodoxos socialista e liberal.

A Terceira Via, por igual, não dispensa a "constitucionalidade", e o garantismo propõe, exatamente, uma verdadeira constitucionalização dos direitos fundamentais, a fim de erigir um novo modelo de democracia substancial.

De qualquer sorte, não se pode dispensar o Estado como modelo de regulação de convivência social, em nossos dias, pois se é certo que há um enfraquecimento atual do Estado Nacional, este ainda é importante dentro do sistema globalizado para reagir a qualquer tentativa de mudança fora dos limites estabelecidos dentro de um regime democrático.

No lugar deste Estado simplesmente reacionário e mantenedor do *status quo* vigente – que interessa às grandes forças da economia globalizada – há que se erigir um Estado democrático onde a figura central seja o cidadão e o exercício pleno de sua cidadania. As tradições políticas permanecem, os cidadãos ainda estão dispostos a estabelecer pactos sociais para que os Estados se mantenham na titularidade do governo.

Necessário se faz um Estado capaz de garantir os processos democráticos de constante mudança da sociedade, com respeito aos direitos humanos de forma que possa efetivamente alcançar seu fim último: a realização do bem comum

É provável que se possa afirmar que o modelo que se busca não passe de um Estado de Bem-Estar Social corrigido, revisado, mas, e se assim for, qual o problema?

Evidenciou-se, através da transformação do próprio Estado, enquanto sistema organizado de vida em sociedade, que este assume a função de realizar o bem comum, sendo necessário seguir na defesa das funções básicas do Estado Social, especialmente as que dizem respeito a uma suficiente estabilidade social, à justiça social, entendida esta como uma relação de equilíbrio entre as demandas e as exigências de uma igualdade básica de recursos e oportunidades tanto sociais como econômicas.

A idéia de justiça serve de componente essencial de legitimidade – justificação – de qualquer sistema político, assim como a democracia, exercida de forma participativa também o é.

Não é possível, simplesmente, esperar que o Estado funcione como uma empresa, gere lucros e só responda a anseios e necessidades que possam redundar em seu crescimento econômico.[237]

É preciso estabelecer um novo vetor nas relações entre o Estado e a sociedade civil, se é verdade que o Estado não pode ser alijado de suas funções protetivas, redistribuidoras e mediadoras, a democracia participativa permitiria a intervenção do cidadão nos processos decisórios, de modo a que passasse de simples cliente, alvo da benesse estatal, à posição de ator, com poder de influência e decisão quanto à orientação da própria atividade do Estado, ao mesmo tempo em que, por força de sua própria atuação, estaria comprometido, responsável, pela "coisa pública" e pela busca do bem comum.

Da maneira como avançam o neoliberalismo e a globalização, desenvolve-se uma verdadeira decomposição da vida social, assim entendida a participação efetiva do cidadão na construção de seus espaços políticos, sociais e econômicos, a dominação da sociedade por forças centrais, poderosas, de gestão se alastra violentamente, reduzindo o cidadão à defesa de uma identidade ameaçada, tão-somente.

---

[237] A propósito, em 29 de abril de 1994, Francisco RUBIO LLORENTE publicou artigo no jornal El País (Madri), sob o título "La primacía del Estado", onde refere que "el Estado sigue siendo al fundamento de la convivencia civilizada, e que a tendência a 'equiparar el Estado a la empresa lleva a olvidar que la racionalidad propia del Estado no es la de la sociedad, y que el dinero a disposición del Estado há de utilizarse com arreglo a criterios que nada tienen que ver com la produtividad' e que se deve recordar que 'el avance del Estado en la Europa democrática de la postguerra há sido decisión de la sociedad civil, y más precisamente de aquella parte de la sociedad civil que actúa fuera del mercado, en lo que Pérez Días llama la esfera pública'."

Resta clara a necessidade de uma recomposição do espaço democrático em detrimento da ocupação promovida pelo grande capital internacional especulativo que, ao final, acaba por dominar o próprio Estado e a sua condução.

Conforme bem acentua Touraine, "a democracia está ameaçada pela imposição de valores, normas e práticas comuns, e, ao mesmo tempo, por um diferencialismo e individualismo extremos que abandonam a vida social nas mãos dos aparelhos de gestão e dos mecanismos do mercado".[238]

Entre a confiança cega nos mercados e o fanatismo comunitário, faz-se imperativo defender a liberdade política e a democracia, de modo a que estejam a serviço de um pluralismo cultural e político combinado à cidadania, à lei e à ação racional,[239] permitindo a valorização do próprio cidadão como elemento principal de qualquer modelo sociopolítico a ser adotado.

É preciso, assim, uma nova idéia de democracia, que não pode estar reduzida a uma ação defensiva, a uma eqüidistância de um diferencialismo comunitário agressivo e de um liberalismo indiferente à desigualdade e à exclusão. Só através da formação de uma cultura democrática, muito mais que política ou politizada, includente e vinculativamente participativa, propiciar-se-á a recomposição do Estado, como grande artífice do bem comum, através da recomposição dos espaços individuais, sem com isso desencorajar o encontro e a integração de culturas diversas que possam levar a uma melhoria no próprio exercício da cidadania plena e democrática.

Há uma evidente tensão, permanente, entre os valores morais e os princípios éticos da sociedade moderna, pluralista. O que poderia pôr em risco a simples

---

[238] TOURAINE, Alain. *O que é a democracia?* Trad. Guilherme João de Freitas Teixeira. Petrópolis: Vozes, 1996, p. 268-269.
[239] Idem.

adoção de uma regra diretriz generica, fundada, muito mais, em princípios éticos.

A dimensão ética do ser humano se constitui pelo sentido de sua existência, pelo conteúdo que orienta suas ações, ou, dito de outra forma, pelo seu valor e o valor de seus atos, pela sua responsabilidade em relação a si mesmo e relativamente à humanidade como um todo.

De outro lado, vale a afirmação de Rouanet, no sentido de "que uma ética universal só poderá ser plenamente eficaz quando os interessados possam participar, de fato, dos respectivos processos deliberativos", mas é evidente que isso só será possível quando todos sejam cidadãos, o que só poderá acontecer quando as democracias nacionais forem complementadas por uma democracia mundial.[240]

A simples positivação não garante o valor intrínseco do ser humano, muitas vezes, ao contrário, legitima ações devastadoras contra este.[241]

Neste prisma – valor do próprio homem –, não há como tratar de direito aplicável sem buscar a idéia de "direitos do homem".

O que é próprio dos direitos do homem é a introdução da ética no mundo jurídico, o valor do ser humano, *per se*, é inserido no campo da proteção jurídica.

Sendo o direito mediação entre valores e situações de fato da vida social, esses valores é que lhe conferem normatividade.

No Estado Constitucional, os valores que a sociedade têm por relevantes são assumidos pela Constituição, o que faz com que as Cartas Constitucionais não sejam nem boas nem más do ponto de vista ético, mas, talvez se possa afirmar que refletem, ou não, as convicções da

---

[240] ROUANET, Sergio Paulo. "Da pólis digital à democracia cosmopolita", In *Caderno "Mais!"*, Folha de São Paulo, 21.05.2000, p. 15.

[241] Em 1935, na Alemanha nazista, editaram-se as Leis de Nuremberg, segundo as quais pessoas deficientes, débeis mentais ou portadoras de doenças transmissíveis, poderiam ser esterelizadas, ou as que fossem julgadas indesejáveis seriam segregadas da sociedade.

sociedade, na medida em que haja discernimento por parte dos constituintes. Nessa perspectiva, como ressalta Häberle, "o povo não é apenas um referencial quantitativo que se manifesta no dia da eleição e que, enquanto tal, confere legitimidade democrática ao processo de decisão",[242] mas ator principal, senhor de sua cidadania – na concepção de Häberle – a democracia é o "domínio do cidadão".[243]

Assim, os valores mais altos, do ponto de vista ético e moral, socialmente assim entendidos, serão aqueles reconhecidos pela Constituição, que os reconhecerá como tais e os alçará à condição de direitos fundamentais, os quais irão informar toda a legislação nacional, não podendo por esta serem contrariados ou desrespeitados.

Na medida em que os direitos do homem são erigidos a direitos fundamentais, constitucionais, passa-se do plano ético ao constitucional.[244]

Neste ponto, a importância da proposta garantista, pelo fato, já exposto, de que não prescinde da existência de uma legitimidade – jurídica e política – substancial, na medida em que os direitos fundamentais tornam-se fundamento de validade da própria ordem jurídica.

Não se pode, de outro lado, manter o Estado como simples processador de demandas, pois resta evidenciado que este se constitui em verdadeiro agente político. Não, simplesmente, agente político no sentido de governo, pois se caracteriza por uma série de sistemas administrativos, jurídicos, burocráticos, direcionados a não apenas estruturar relações entre a sociedade civil e a autoridade pública, mas também as relações internas da própria sociedade civil.

---

[242] HÄBERLE, Peter. *Hermenêutica Constitucional. A sociedade aberta dos intérpretes da Constituição: contribuição para a interpretação pluralista e "procedimental" da Constituição*. Porto Alegre: Fabris, 1997, p. 37.
[243] Idem. p. 38.
[244] "A democracia do cidadão está muito próxima da idéia que concebe a democracia a partir dos direitos fundamentais e não a partir da concepção segundo a qual o Povo soberano limita-se apenas a assumir o lugar do monarca." (HÄBERLE, idem.)

Entretanto, diante da afirmação de que o Estado não pode ser reduzido a simples processador de demandas, pode-se imaginar que este é o fim do Estado – especialmente o Estado de Bem-Estar Social –, o que não parece crível, ao menos a curto prazo. Evidente que não mais é possível admitir o Estado com orientação clientelista e assistencialista (anterior ao Estado de Bem-Estar, tentativa de manutenção do Estado Liberal, como já exposto), mas, também, não é possível decretar a "morte" do Estado Social, na medida em que a sociedade civil não conseguiu assumir os espaços, propiciados pelo neoliberalismo e a globalização, abertos pela retirada do Estado.

Mesmo diante do crescente processo de globalização, o Estado (Nacional) mantém-se na posição de único capaz de tratar dos conflitos sociais, da política de redistribuição de riquezas, da integração e coesão social, com os quais a competição livre de mercado não têm preocupação. Estas questões estão cingidas ao âmbito nacional, e só o Estado pode regulá-las.

Estabelece-se, dessa forma, um verdadeiro dilema: deve o Estado comprometer-se, integralmente, com o processo de internacionalização, ao mesmo tempo em que é a última instância política com poder para regular as relações entre o mercado global e as limitações de integração institucional e social?

É necessário transformar o Estado, pois, sua presença é inafastável. Entretanto, que transformação permitirá a sobrevivência do Estado?

Como resposta a parte destas indagações, Boaventura de Sousa Santos, partindo da análise do contrato social como a grande narrativa onde se funde a obrigação política moderna, afirma que aquele expressa uma tendência dialética entre a regulação e a emancipação social a qual "se reproduz pela polarização constante entre a vontade individual e vontade geral, entre o interesse particular e bem comum".[245] Desta forma, o

---

[245] SANTOS, Boventura de Sousa. *Reinventar a Democracia*. Lisboa: Fund. Mário Soares/Gradiva, 1998, p. 5.

Estado Nacional, o direito e a educação cívica transformam-se nos garantes do desenrolar pacífico e democrático dessa polarização na sociedade civil.[246]

A proposta de Santos aponta no sentido de transformar o Estado Nacional em um novíssimo movimento social, a fim de ultrapassar o conceito clássico vinculado ao Contrato Social. O mestre português explica sua proposta nos seguintes termos:

"Esta formulação pode causar alguma estranheza. Com ela quero significar que o processo de descentramento a que o Estado nacional vem sendo sujeito, nomeadamente por via do declínio do seu poder regulatório, torna obsoletas as teorias do Estado que até agora dominaram, tanto as de origem liberal, quanto as de origem marxista. A despolitização do Estado e a desestatização da regulação social decorrente da erosão do contrato social, acima assinaladas, mostram que sob a mesma designação de Estado está a emergir uma nova forma de organização política mais vasta que o Estado, de que o Estado é o articulador e que integra um conjunto híbrido de fluxos, redes e organizações em que se combinam e interpenetram elementos estatais, nacionais e globais."[247]

Para chegar a este Estado como "novíssimo movimento social" Santos prevê como primeiro grande investimento a democracia redistributiva,[248] numa perspectiva de que deve ser institucionalizado o "Estado-articulador", uma vez que as lutas democráticas vindouras se darão por desenhos institucionais alternativos.[249]

As idéias de Santos baseiam-se nessa nova forma de Estado democrático, fundado em princípios de expe-

---
[246] Idem.
[247] Idem, p. 59.
[248] Esta entendida como não confinada à democracia representativa, mas participativa em todos os campos sociopolíticos.
[249] Idem, p. 65.

rimentação política, sendo que o Estado experimental seria democrático na medida em que propicia igualdade de oportunidades às diversas propostas de institucionalidade democrática, competindo ao Estado democrático estabilizar, ao menos de forma mínima, as expectativas dos cidadãos, criando padrões mínimos de segurança e inclusão, a fim de propiciar o exercício da cidadania ativa.[250]

Ante essa realidade, para Santos, "o novo Estado de bem-estar é um Estado experimental e é a experimentação contínua com a participação activa dos cidadãos que garante a sustentabilidade do bem-estar".[251]

Como se vê, a fundamentação da proposta do mestre português vem lastreada num novo processo/sistema democrático, o qual não prescinde da presença do Estado, mas o tem como articulador, possibilitando, inclusive o aproveitamento do modelo de Estado de Bem-estar Social, com a adoção desta nova dinâmica.

A implementação de um sistema de efetiva democracia configura uma alternativa possível para a formatação de um novo modelo de Estado, que possa comprometer o cidadão, torná-lo responsável por si e pelo próprio Estado e, ao final, pela própria busca do bem comum.[252]

Bauman propõe esse comprometimento a partir da separação dos conceitos de república e nação, afastando-se da democracia liberal.[253] O mesmo autor entende que a idéia republicana triunfa na medida em que coloca o questionamento crítico no cerne da participação comu-

---
[250] Idem, p. 66-67.
[251] Idem, p. 67.
[252] "A convivência em uma nação exige que todos compartilhemos um compromisso com a organização do Estado, ou seja, com as instituições que proporcionam a ordem que governa nossa vida em comum." (APPIAH, Kwame Anthony. "Cultura, comunidade e cidadania". In *A Crise dos paradigmas em ciências sociais e os desafios para o século XXI*, Rio de Janeiro: Contraponto, 1999, p. 236).
[253] BAUMAN, Zygmunt. *Em busca da política*. Trad. Marcus Penchel. Rio de Janeiro: Jorge Zahar. 2000, p. 167.

nitária, ou seja, os cidadãos fazem, efetivamente, parte da república na medida da sua ativa preocupação com os valores promovidos ou desprezados pelo Estado.[254] Em outras palavras, funda-se esta posição de Bauman, por igual, na construção de um modelo de Estado onde a república seja a base do desenvolvimento democrático e inclusivo. A questão da efetividade da democracia parece ser o fio condutor de todas as propostas de modelo de Estado.

O Estado Liberal partiu da idéia de rompimento do absolutismo e democratização do poder, tida esta como a possibilidade de ascensão da burguesia, culminando com a proposta de liberdade máxima do cidadão, pressuposto democrático, sem dúvida.

O Estado Socialista surge como busca de democratização do capital, verdadeira possibilidade de democratizar os estamentos sociais, propiciando uma espécie de igualitarismo que determinaria a concretização da democracia, culminando com o próprio fim do Estado.

O Estado de Bem-estar Social, à sua vez, buscou a democratização através da participação do Estado na vida socioeconômica, de modo a propiciar a possibilidade de bem-estar geral dos cidadãos.

A alternativa proposta pela Terceira Via, ainda que de cunho liberal, propõe a interpolação de propostas neoliberais e a possibilidade de manutenção de determinados direitos sociais, a partir do pressuposto de que aos direitos correspondem responsabilidades, obrigações; não há autoridade sem democracia, sendo estes os princípios norteadores da Terceira Via, aplicáveis no âmbito privado e no âmbito público.

O garantismo jurídico, por fim, estrutura-se a partir da idéia de Ferrajoli da necessidade de uma democracia substantiva ou material, muito além daquela formalmente garantida.

---
[254] Idem, p. 171.

A partir desta constatação, tem-se que é imprescindível à nova modelagem do Estado a inclusão democrática.

Entretanto, que democracia é esta, que se busca para oxigenar o próprio Estado e fazê-lo triunfar ante a ameaça do neoliberalismo e da globalização? Deve ser uma força viva de construção de um mundo abrangente e includente, capaz de combinar disparidades e afinidades, com capacidade, sobretudo, de recriar o espaço e as mediações políticas, única alternativa para deter a decomposição de um mundo levado por um turbilhão de capitais e de imagens contra as quais se entrincheiram, numa identidade obsessiva e agressiva, os que se sentem perdedores nos mercados mundiais.[255]

De fato, a democracia é o ponto chave para a construção de um modelo de Estado que luta contra fenômenos completamente antidemocráticos – o neoliberalismo e a globalização –, mas esta democracia pressupõe o comprometimento e a empatia do cidadão com a própria e com o Estado que a garanta.

Do ponto de vista de propiciar uma possibilidade de igualdade de oportunidades, o Estado de Bem-estar Social ainda parece ter sido o que melhor atendeu às aspirações dos cidadãos, na medida em que se propôs a equilibrar, ou compensar, as desigualdades sociais existentes.

Ocorre que o Estado de Bem-estar Social não logrou manter a responsabilidade do cidadão com o modelo,[256] tampouco a empatia deste com a condução das políticas estatais.

Esta vinculação cidadão-Estado só poderá ser alcançada na medida em que se possa fazer surgir uma ética da cidadania que, ao mesmo tempo em que cobre

---

[255] TOURAINE, Alain. *Igualdade e diversidade:* o sujeito democrático. Trad. Modesto Florenzano. Bauru: EDUSC, 1998, p. 103-104.
[256] Especialmente na Europa, onde o pós-guerra trouxe uma identidade "fraternal" na busca da reconstrução dos países atingidos pelo conflito mundial, que se perdeu na medida em que o assistencialismo passou a ser alargado, descomprometendo o cidadão na medida em que este apenas passou a aguardar a prestação estatal.

direitos democraticamente estabelecidos, pressuponha uma participação do cidadão como responsável pelo próprio equilíbrio democrático e garantia do modelo de Estado eleito.

Dentro desta perspectiva, surge a necessidade de remodelar/transformar o Estado de Bem-estar a partir de um processo democrático de inclusão, onde o sustentáculo jurídico seja o garantismo proposto por ferrajoli e seu fundamento de democracia substancial fundada nas regras constitucionais, incluindo-se a proposta de Santos no sentido de transformar o Estado em grande articulador democrático, com a tarefa de coordenação de interesses nacionais com os interesses globais ou transnacionais, comprometendo-se, definitivamente, com critérios de inclusão e exclusão, erigindo-se a democracia redistributiva, em lugar da representativa, até como forma de efetivo comprometimento do cidadão.[257]

Ou seja, necessário se faz "refundar" o Estado, na expressão de Calera,[258] promovendo uma síntese entre o individual e o coletivo, transformar o Estado de modo a que atenda ao interesse de todos os cidadãos, individuais e coletivos, ao mesmo tempo em que seja o garante de seus direitos.

Esta transformação leva a novos entendimentos quanto a conceitos clássicos que informam a noção de Estado, pois a soberania, relativamente ao território sobre o qual é exercida, é deslocada para a autonomia das decisões que, democraticamente, numa síntese de interesses individuais e coletivos passam a ser tomadas, ou seja, de um contexto formal, as questões relativas à soberania e autonomia passam a um patamar substancial, fruto de uma democratização, mais que política, social, abrangente e participativa.

---

[257] Embora possa causar espécie a proposta de trazer idéias de um sociólogo (SANTOS) para agregar a um pensamento jurídico (FERRAJOLI) que pode parecer contrário, em ambos, o fundamento da legitimidade está presente e permite a coexistência harmônica e produtiva.
[258] Op. cit., p. 99.

Parafraseando Calera, não se pode negar que o Estado ainda pode fazer muito pela sociedade, mas não poderá fazer milagres, deve a sociedade, por sua iniciativa, transformar o Estado, para que chegue aos mais altos níveis de igualdade e liberdade.[259]

---

[259] Op. cit., p. 114.

Referências bibliográficas

Livros

ALMEIDA, Lúcio Flávio. O Estado em questão: reordenamento do poder. In *Globalização, Metropolização e Políticas Neoliberais*. São Paulo: EDUC, 1997, p. 111-124.

ALTVATER, Elmar. Os desafios da globalização e da crise ecológica. In *A Crise dos paradigmas em ciências sociais e os desafios para o século XXI*. Rio de Janeiro: Contraponto, 1999, p.109-153.

ANDERSON, Benedict. "As promessas do Estado-nação para o início do século". In *A Crise dos paradigmas em ciências sociais e os desafios para o século XXI*, Rio de Janeiro: Contraponto, 1999, p. 155-170.

APPIAH, Kwame Anthony. "Cultura, comunidade e cidadania". In *A Crise dos paradigmas em ciências sociais e os desafios para o século XXI*, Rio de Janeiro: Contraponto, 1999, p. 219-250.

ARNAUD, André-Jean. *O direito entre modernidade e globalização: lições de filosofia do direito e do Estado*. Trad. Patrice C. Wuillaume. Rio de Janeiro: Renovar, 1999, 265p.

AZEVEDO, Plauto Faraco de. *Direito, Justiça Social e Neoliberalismo*. São Paulo: Revista dos Tribunais, 1999, 144p.

BADÍA, Juan Fernando (Coord.). *Regimenes Politicos Actuales*. Madrid: Tecnos, 3. ed., 1995, 725p.

BASTOS, Celso Ribeiro. *Curso de Teoria do Estado e Ciência Política*. 4. ed. São Paulo: Saraiva, 1999, 280p.

BAUMAN, Zygmunt. *Globalização: as conseqüências humanas*. Trad. Marcus Penchel. Rio de Janeiro: Jorge Zahar,. 1999, 145 p.

——. *Em busca da política*. Trad. Marcus Penchel. Rio de Janeiro: Jorge Zahar, 2000, 213 p.

BECKER, Idel. *Pequena história da civilização ocidental*. São Paulo: Nacional, 10. ed., 1978, 541p.

BOBBIO, Norberto; MATTEUCCI, Nicola, PASQUINO, Gianfranco. *Dicionário de Política*. v.1 e 2. Brasília: UnB, 11.ed., 1998.

——. *A era dos direitos*. Rio de Janeiro: Campus, 1992, 217p.

———. *A Teoria das Formas de Governo*. Brasília: UnB, 7. ed., 1994, 179p.

———. *As ideologias e o poder em crise*. Brasília: UnB, 4. ed., 1995, 240p.

———. *Estado, Governo, Sociedade*. São Paulo: Paz e Terra, 1995, 173p..

———. *O futuro da democracia: Uma defesa das regras do jogo*. São Paulo: Paz e Terra, 6. ed., 1997, 171p.

———, et al. *O Marxismo e o Estado*. Rio de Janeiro: Graal, 1979, 251p.

———. *Liberalismo e Democracia*. São Paulo: 6.ed. Brasiliense, 1997, 100p.

BONAVIDES, Paulo. *Do Estado Liberal ao Estado Social*. 6. ed., rev. e ampl. São Paulo: Malheiros, 1996, 230 p.

———. *Teoria do Estado*. São Paulo: 3. ed., rev. e ampl. Malheiros, 1999, 379p.

———. *Do País Constitucional ao País Neocolonial (A derrubada da Constituição e a recolonização pelo golpe de Estado institucional)*. São Paulo: Malheiros, 1999, 189p.

BORJA, Rodrigo. *Derecho político y constitucional*. 2. ed. México: Fondo de Cultura Económica, 1992, 365p.

BARACHO, José Alfredo de Oliveira. *Teoria geral do federalismo*. Rio de Janeiro: Forense, 1986, 362 p.

CADERMATORI, Sérgio. *Estado de direito e legitimidade: uma abordagem garantista*. Porto Alegre: Livraria do Advogado, 1999. 188p.

CALERA, Nicolás María López. *Yo, el Estado*. Madrid: Trotta, 1992, 123 p.

CANOTILHO, José Joaquim Gomes. *Direito Constitucional*. 6. ed., rev. Coimbra: Almedina, 1993, 1228p.

CAPELLA, Juan Ramón. *Os cidadãos servos*. Porto Alegre: Fabris, 1998, 230p.

CARCANHOLO, Marcelo Dias. "Globalização e neoliberalismo: os mitos de uma (pretensa) nova sociedade." In *A quem pertence o amanhã? Ensaios sobre o neoliberalismo*. São Paulo: Loyola, 1997, p.199-214.

———; CARCANHOLO, Reinaldo A. e MALAGUTI, Manoel Luiz (Orgs.). *A quem pertence o amanhã? Ensaios sobe o neoliberalismo*. São Paulo: Loyola, 1997, 259p.

CASELLA, Paulo Borba. "Soberania, Integração Econômica e Supranacionalidade". In *Anuário: direito e globalização, 1: a soberania*. Rio de Janeiro: Renovar, 1999, p. 71-97.

CHEVALLIER, J. *As grandes obras políticas de Maquiavel a nossos dias*. 4. ed. Rio de Janeiro: AGIR, 1989, 440p.

CHOSSUDOVSKY, Michel. "Sob o domínio da dívida." In *A quem pertence o amanhã? Ensaios sobre o neoliberalismo*. São Paulo: Loyola, 1997, p. 59-66.

COSSIO DÍAZ, José Ramón. *Estado Social y derechos de prestación*. Madrid: Centro de Estudios Constitucionales, 1989, 294p.

COSTA, Maria Isabel Pereira da. *Constitucionalismo ou neoliberalismo: o que interessa e a quem?* Porto Alegre: Síntese, 1999, 192p.

DALLARI, Dalmo de Abreu. *Elementos de Teoria Geral do Estado*. 21. ed., São Paulo: Saraiva, atualizada. 2000, 307p.

DÉLOYE, Yves. *Sociologia histórica do político*. Trad. Maria Dolores Prades. Bauru: EDUSC, 1999, 174p.

DÍAZ, Elías. *Ética contra política*. 2. ed. México: Fontamara. 1998, 143p.

DOWBOR, Ladislau. "Reordenamento do poder e políticas neoliberais", in *Globalização, Metropolização e Políticas Neoliberais*. São Paulo: EDUC, 1997, p. 97-110.

——. *A reprodução social*: propostas para uma gestão descentralizada. Petrópolis: Vozes, 1998, 446p.

——. "Globalização e tendências institucionais." In *Desafios da Globalização*. Petrópolis: Vozes, 1998, p. 9-16.

DUARTE, Fábio. *Global e local no mundo contemporâneo*. São Paulo: Moderna, 1998, 111p.

DUPUY, René-Jean. *O Direito Internacional*. Coimbra: Almedina, 1993. 175p.

DYSON, Freeman J. *Infinito em todas as direções*. Trad. Laura Teixeira Motta. São Paulo: Companhia das Letras, 2000. 386 p.

FARIA, José Eduardo. *O Direito na Economia Globalizada*. São Paulo: Malheiros, 1999, 359 p.

——. (Org.) *Direito e Globalização Econômica*. São Paulo: Malheiros, 1. ed., 2. tiragem, 1998, 160 p.

FERNANDES, Florestan.(Org.) *Lenin*. 3. ed., São Paulo: Ática, 1989, 191p.

FERRAJOLI, Luigi. "O Direito como sistema de garantias". In *O novo em Direito e Política*. Porto Alegre: Advogado, 1997, p. 89-109.

——. *Derecho y razón: Teoría del garantismo penal*. 3. ed. Madrid: Trotta, 1998, 991p.

——. *Derechos y garantías. La ley del más débil*. Madrid: Trotta, 1999, 180p.

FERRANDÉRRY, Jean Luc. *Le point sur la mondialisation*. Presses Universitaires de France (PUF), Paris: PUF, 1996.

FERREIRA FILHO, Manoel Gonçalves. *Estado de direito e constituição*. 2. ed., rev. ampl. São Paulo: Saraiva, 1999, 153p.

——. *Estado de direito e constituição*. 2. ed., rev. e ampl. São Paulo: Saraiva, 1999, 153p.

——. *A democracia no limiar do século XXI*. São Paulo: Saraiva, 2001, 223p.

GALBRAITH, John Kenneth. *A Sociedade Justa – uma perspectiva humana*. Rio de Janeiro: Campus, 1996, 176p.

GARCIA-PELAYO, Manuel. *Las transformaciones del Estado contemporaneo*. 2. ed. Madrid: Alianza, 1996, 224p.

GENRO, Tarso. *O futuro por armar: democracia e socialismo na era globalitária*. Petrópolis: Vozes, 1999, 160p.

GIDDENS, Anthony. *A terceira via: reflexões sobe o impasse político atual e o futuro da social-democracia*. Trad. Maria Luiza X. de A. Borges. Rio de Janeiro: Record, 1999, 173p.

GÓMEZ, José Maria. *Política e democracia em tempos de globalização*. Petrópolis: Vozes; Buenos Aires: CLACSO; Rio de Janeiro: LPP-Laboratório de Políticas Públicas, 2000, 188p.

HÄBERLE, Peter. *Hermenêutica Constitucional. A sociedade aberta dos intérpretes da Constituição*: contribuição para a interpretação pluralista e "procedimental" da Constituição. Trad. Gilmar Ferreira Mendes. Porto Alegre: Fabris, 1997, 54p.

HABERMAS, Jürgen. *Más allá del Estado nacional*. Trad. Manuel Jiménez Redondo. Madrid: Trotta, 1997, 186p.

HELLER, Agnes. "Uma crise global da civilização". In *A Crise dos paradigmas em ciências sociais e os desafios para o século XXI*, Rio de Janeiro: Contraponto, 1999, p. 13-32.

HELLER, Hermann. *La Soberanía*. 2. ed. México: Fondo de Cultura Económica, 1995, 315p.

———. *Teoría del Estado*. México: Fondo de Cultura Económica, 2. ed., 1998, 398p.

HOBBES, Thomas. Coleção Os Pensadores. São Paulo: Nova Cultural, 1999, 495p.

HOOBLER, Dorothy e Thomas. *STÁLIN*. São Paulo: Nova Cultural, 1987, 99p.

KAHN, Alfred J. e KAMERMAN, Sheila B. (Compil.) *La Privatizaciòn y el Estado Benefactor*. México: Fondo de Cultura Económica, 1989, 317p.

KELSEN, Hans. *Teoria Geral do Direito e do Estado*. São Paulo: Martins Fontes; Brasília: Ed. UnB, 1990, 433p.

KLIKSBERG, Bernardo. *Cómo transformar al Estado? Más allá de mitos y dogmas*. México: Fondo de Cultura Económica, 1.ed., 1993, 103p.

LECLERCQ, Yves. *Teorias do Estado*. Lisboa: Edições 70, 1981, 208p.

LUHMANN, Niklas. *Teoría política en el Estado de Bienestar*. 1. ed., 2. reimpr. Madrid: Alianza. 1997. 170p.

MACHADO PAUPERIO, Arthur. *O conceito polêmico de soberania e sua revisão contemporânea*. Rio de Janeiro: Irmãos Pongetti, 1949, 201p.

MALUF, Sahid. *Teoria Geral do Estado*. 21. ed., São Paulo: Saraiva, 1991, 376p.

MARIOTTI, Alexandre. *Teoria do Estado*. Porto Alegre: Síntese, 1999, 101p.

MARTIN, Hans-Peter e SCHUMANN, Harald. *A armadilha da globalização: o assalto à democracia e ao bem-estar social*. Trad. Waldtraut U. E. Rose e Clara C.W. Sackiewicz. 2. ed. São Paulo: Globo, 1998, 352p.

MARX, Karl e ENGELS, Friedrich. *Manifesto do partido comunista*. 9. ed., São Paulo: Global., 2000, 112p.

MELLO, Celso D. de Albuquerque. *Direito Internacional da Integração*. Rio de Janeiro: Renovar, 1996, 357p.

MORAES, Emanuel. *A Origem e as Transformações do Estado*. v.5, Rio de Janeiro: Imago, 1998, 700p.

MORAIS, José Luis Bolzan. *Do Direito Social aos interesses transindividuais – O Estado e o Direito na Ordem Contemporânea*. Porto Alegre: Livraria do Advogado, 1996, 247p.

———. "As crises do Estado contemporâneo". In *América Latina: cidadania, desenvolvimento e Estado*. Porto Alegre: Livraria do Advogado, 1996, p. 37-50.

———. *Mediação e Arbitragem*. Porto Alegre: Livraria do Advogado, 1999, 287 p.

NOGUEIRA, Alberto. *Globalização, regionalização e tributação: a nova matriz mundial*. Rio de Janeiro: Renovar, 2000, 321p.

OLEA, Víctor Flores e FLORES, Abelardo Mariña. *Crítica de la globalidad: dominación y liberación en nuestro tiempo*. México: Fondo de Cultura Económica, 1999, 598p.

OLIVEIRA JR., José Alcebíades. Cidadania e novos direitos. In *O novo em Direito e Política*. Porto Alegre: Livraria do Advogado, 1997, p. 191-200.

PETERS, Arno; STAHMER, Carsten; STEFFAN, Heinz Dieterich; FRANCO, Raimundo. *Fim do capitalismo global: o novo projeto histórico*. Trad. Eliete Ávila Wolff. São Paulo: Xamã, 1998, 166p.

REALE, Miguel. *Crise do capitalismo e crise do Estado*. São Paulo: SENAC, 2000, 119p.

REIS, Márcio Monteiro. "O Estado contemporâneo e a Noção de Soberania." In *Anuário: direito e globalização, 1: a soberania*. Rio de Janeiro: Renovar, 1999, p. 277-295.

ROCHA, Leonel Severo (Organ.) *Teorias do Direito e do Estado*. Porto Alegre: Fabris, 1994, 136p.

ROSANVALLON, Pierre. *A crise do Estado-providência*. Trad. Joel Pimentel de Ulhôa. Goiânia: UFG e Brasília: UnB. 1997, 160p.

ROTH, André-Nöel "O direito em crise: fim do Estado Moderno?", in FARIA, José Eduardo. *Direito e Globalização econômica: implicações e perspectivas*. São Paulo: Malheiros, 1996, p. 15-27.

ROTHBARD, Murray N. *Esquerda e direita – Perspectivas para a liberdade*. Rio de Janeiro: José Olympio e Instituto Liberal, 1986, 72 p.

ROUSSEAU, Jean-Jacques. *O Contrato Social*. Trad. Leonaldo Manuel Pereira Brum. Lisboa: Europa-América, 1981, 139 p.

SALDANHA, Nelson. *O jardim e a praça*. Porto Alegre: Fabris, 1986, 48p.

——. *Formação da teoria constitucional*. 2. ed., rev. e ampl. Rio de Janeiro: Renovar, 2000, 254p.

SANTOS, Boaventura de Sousa. *Reinventar a Democracia*. Lisboa: Fund. Mário Soares/ Gradiva, 1998, 75p.

SARMENTO, Daniel. "Constituição e Globalização: A crise dos paradigmas do Direito Constitucional". In *Anuário: direito e globalização, 1: a soberania*. Rio de Janeiro: Renovar, 1999, p. 53-70.

SCAFF, Fernando Facury. *Responsabilidade do Estado intervencionista*. São Paulo: Saraiva, 1990, 137p.

SCHILLING, Voltaire. *O conflito das idéias*. Porto Alegre: AGE. 1999, 199p.

SCHWARTZENBERG, Roger-Gérard. *Sociologia Política*. São Paulo e Rio de Janeiro: DIFAL, 1979, 696p.

SOUZA, Nilson Araújo de. *O colapso do neoliberalismo*. São Paulo: Global, 1995, 144p.

STRECK, Lenio Luiz. *Tribunal do Júri – Símbolos e Rituais*. 3. ed., Porto Alegre: Livraria do Advogado, 1998, 173p.

——; MORAIS, José Luiz Bolzan de. *Ciência Política e Teoria Geral do Estado*. Porto Alegre: Livraria do Advogado, 2000, 183p.

TORRES, Ricardo Lobo. *A idéia de liberdade no Estado Patrimonial e no Estado Fiscal*. Rio de Janeiro: Renovar, 1991, 200p.

TOURAINE, Alain. *O que é a democracia?* Trad. Guilherme João de Freitas Teixeira. Petrópolis: Vozes, 1996, 286p.

——. *Como sair do liberalismo?* Trad. Maria Leonor Loureiro. Bauru: EDUSC, 1999, 159p.

——. *Igualdade e diversidade: o sujeito democrático*. Trad. Modesto Florenzano. Bauru: EDUSC, 1998, 109p.

VIEIRA, Oscar Vilhena. *A Constituição e sua reserva de justiça*. São Paulo: Malheiros, 1999, 256p.

WEBER, Max. *A ética protestante e o espírito do capitalismo*. 13. ed. Trad. Irene Q.F. Szmrecsányi e Tamás J.M.K. Szmrecsányi. São Paulo: Pioneira, 1999, 233 p.

WEFFORT, Francisco C. (organ.) *Os Clássicos da Política*. v. 1, 13. ed., São Paulo: Ática, 2000, 287 p.

——. *Os Clássicos da Política*. v. 2, 10. ed., São Paulo: Ática, 2000, 278p.

WOLKMER, Antonio Carlos. *Elementos para uma crítica do Estado*. Porto Alegre: Fabris, 1990, 64p.

WOODCOOK, George (selecion.) *Os grandes escritos anarquistas*. 4. ed., Porto Alegre: L&PM, 1990, 361p.

ZERMEÑO, Sergio. "O Estado neoliberal e o esvaziamento do espaço público." In *A quem pertence o amanhã? Ensaios sobre o neoliberalismo*. São Paulo: Loyola, 1997, p.155-164.

Periódicos

CANOTILHO, José Joaquim Gomes. "Rever ou romper com a Constituição dirigente? Defesa de um constitucionalismo moralmente reflexivo". In *Cadernos de Direito Constitucional e Ciência Política*, São Paulo: Revista dos Tribunais, v. 15, 1996, p. 7-17.

———. "Teoria Jurídico-Constitucional". In *Revista Consulex*, Ano IV, n. 45, setembro/2000, p. 43.

FARIA, José Eduardo. "Direitos Humanos e globalização econômica: notas para uma discussão". In *O Mundo da Saúde*, SP, ano 22, v. 22, n. 2, mar/abr 1998, p.73-80.

GENRO, Tarso. "Legitimidade e Sentença na Ordem Global". In *Revista da AJURIS*, n. 74, novembro de 1998, p.182-192.

HABERMAS, Jürgen. "O Estado-Nação Europeu frente aos desafios da Globalização: o passado e o futuro da soberania e da cidadania". In *Novos Estudos* CEBRAP n. 43, Nov/95, p. 87-101.

———. "El estado-nación europeo y las presiones de la globalización". In *New left rewiew*. n. 1. Madrid: Akal, 2000, p. 121-134.

LARA, Fernando. "Arquiteturas glocalizadas". In *AU 89 – Arquitetura e Urbanismo*, São Paulo: Pini, Abril/Maio 2000 (bim.), p. 62-63.

PEROTTI, Alejandro D. "La supranacionalidad desde la óptica del Sistema Mercosur y desde la óptica del derecho constitucional de sus Estados partes". In *Revista de Direito Administrativo Constitucional*. Curitiba: Juruá, nº 1, 1999, p. 123-170.

PESCATORE, Pierre. "La importancia del Derecho en un Proceso de Integración Economica". In *Revista Derecho de la Integración*, v. 7, n. 15, março 1974, Buenos Aires: Intal, p. 10-15.

ROUANET, Sergio Paulo. "Da pólis digital à democracia cosmopolita". In *Caderno "Mais!"*, Folha de São Paulo, 21.05.2000, p. 15.

SCAFF, Fernando Facury. "Guerra Fiscal, Neoliberalismo e Democracia". In *Revista do Direito*, Depto. de Direito. n. 11. Santa Cruz do Sul: UNISC. jan./jun. 1999, p. 127-134.

ZERO HORA, Jornal. Porto Alegre, RS, 22.11.1999, p. 4.

livraria DO ADVOGADO editora

O maior acervo de livros jurídicos nacionais e importados

Rua Riachuelo 1338
Fone/fax: 0800-51-7522
90010-273 Porto Alegre RS
E-mail: livraria@doadvogado.com.br
Internet: www.doadvogado.com.br

Entre para o nosso *mailing-list*

e mantenha-se atualizado com as novidades editoriais na área jurídica

Remetendo o cupom abaixo pelo correio ou fax, periodicamente lhe será enviado gratuitamente material de divulgação das publicações jurídicas mais recentes.

✓ Sim, quero receber, sem ônus, material promocional das NOVIDADES E REEDIÇÕES na área jurídica.

Nome: _____

End.: _____

CEP: _____-_____ Cidade _____ UF:____

Fone/Fax: _____ Ramo do Direito em que atua: _____

Para receber pela internet, informe seu **E-mail:** _____

_____
assinatura

Visite nosso *site*

www.doadvogado.com.br

ou ligue grátis
0800-51-7522

DR-RS
Centro de Triagem
ISR 247/81

CARTÃO RESPOSTA
NÃO É NECESSÁRIO SELAR

O SELO SERÁ PAGO POR

LIVRARIA DO ADVOGADO LTDA.

90012-999 Porto Alegre RS